小古文大发现

古人智慧之丰

罗才军　编著

ZHEJIANG UNIVERSITY PRESS
浙江大学出版社
·杭州·

图书在版编目（CIP）数据

小古文大发现 ： 古人智慧之丰 / 罗才军编著. --
杭州 ： 浙江大学出版社，2023.2
ISBN 978-7-308-23417-7

Ⅰ. ①小… Ⅱ. ①罗… Ⅲ. ①文言文一小学一教学
参考资料 Ⅳ. ①G624.203

中国版本图书馆CIP数据核字(2022)第245796号

小古文大发现 古人智慧之丰
XIAO GUWEN DA FAXIAN GUREN ZHIHUI ZHI FENG
罗才军　编著

策划编辑　陈丽霞　肖　冰
责任编辑　王品方
责任校对　丁佳雯
封面设计　项梦怡
责任印制　范洪法
出版发行　浙江大学出版社
（杭州市天目山路148号　邮政编码　310007）
（网址：http：//www.zjupress.com）
排　　版　杭州林智广告有限公司
印　　刷　杭州宏雅印刷有限公司
开　　本　787mm×1092mm　1/16
印　　张　6
字　　数　78千
版 印 次　2023年2月第1版　2023年2月第1次印刷
书　　号　ISBN 978-7-308-23417-7
定　　价　25.00元

浙江大学出版社市场运营中心联系方式：0571－88925591；http：//zjdxcbs.tmall.com

总　序

于雅言传承中领略百态人生

毋庸讳言，流传至今的文言典籍中，蕴藏着中华民族极高的智慧和深切的情怀，后世浩如烟海的著述不过是它们的演化与注解，否则金克木先生不会有“书读完了”的慨叹。所以孩子们阅读文言经典，能为他们播下安顿生命的种子，使他们有机会成为从容、雍雅、慧杰、自适、不走极端的人。然而，一个不容忽视的现实是，当下，在孩子们的语文生活中，文言却是最容易端起架子、故作深沉、故作神秘的。

说它端起架子，是因为文言本来是古代人们生活和思想的有趣的记录，但在孩子们的学习和阅读中常常被异化为枯燥干瘪的知识记诵。浑然一体、情趣盎然的人情故事被讲得支离破碎、混沌一片，其用字的典雅、语言的节奏、意象的精美、情感的辗转在这样的过程中消磨殆尽。长此以往，孩子们自然生出对文言的隔膜，甚至厌恶。

说它故作深沉，是因为我们眼睛里的文言，或是那些想象瑰丽、经天纬地的鸿篇巨制，或是探索人世真相、生命究竟的经史子集。这些文言，凝结着千百年来中华民族精深的智慧和磅礴的文化，而叙述者又大多以立言传世、治国平天下的初衷与气概，洋洋洒洒。这是当下的孩子们甚至大人们无法经验和想象的。所以面对这样的文言世界，孩子们自然容易望洋兴叹、莫可奈何了。

说它故作神秘，是因为它总有那么多艰涩生僻的字、词，总有那么多我们无法感知的思想观念，以至于很多人，尤其是孩子在阅读文言时经常处于碎片、孤立和封闭的情境中，融不到当下学习运用语言文字的现实生活里去。对很多人来说，文言似乎已经与日常的语言生活决裂了，它更像一种已经失传的古老语言，而非延续在我们血脉里的精神密码。

其实，文言本就是我们的语言，它并不古老，也没有那么面目可憎。它就活在当下，在很多作家的作品里，生活中很多耳熟能详、脱口而出的成语诗词，都会呈现文言的样式。我们对文言的敬而远之，大多是因为我们没有发现文言在经史子集、鸿篇巨制之外，还潜藏着真正反映和展现古人生活的宏大世界：那些鸡毛蒜皮的日常，那些闲情雅致、情趣爱好，以及那些需要疏解的愁思、需要安顿的焦躁和需要分享的喜乐。另外，就是我们在走进、体验和运用它们的时候，显得过于急功近利，方法也不免泥古且庸俗。

究竟该如何化解雅韵流传的文言在当下社会生活尤其是孩子们那里所遭遇的尴尬，真正让孩子们理解和体悟文言的宏大世界中所展现的真实和趣味呢？

我想，不妨尝试着跳脱出来，将那些探讨生命究竟、天人之道的文言经典暂时搁置，等到孩子们有足够的领悟能力和学习兴趣的时候再来阅读它们。且让孩子们从当下的、更为注重生命体验、更为关注个人价值的时代特征出发，选择那些贴近日常生活、人世繁华，反映古人生活情趣、即兴智慧、生命境遇的故事来阅读，感受一个个活泼生动、元气淋漓的人物，了解古代中国人为人处世、衣食住行、会友闲谈里的优雅与从容，领略他们卓绝的智慧、精绝的才艺、方正的品格，也体验他们俏皮的雅好、丰富的娱乐、旷远的情感，甚至于去发现，古人与我们一样，有不少“坏习惯”“怪心思”“臭毛病”。让孩子们在学习和阅读的时候，能够经验和感知、联想和理解古人，就仿佛和他们身处同一个时空，见证他们的生活百态、言笑晏晏。

最近几年来，我始终对这样的愿景念念不忘，尝试着在浩瀚的文言丛林中，分拨拣择那些有趣、带劲、充满人情味的篇章，并将它们以轻松愉悦的姿态带到孩子们身边。慢慢地我发现，文言中的笔记闲谈最能舒展才情，也最有烟火气息，语言情致自然也最为率性天真，有华枝春满、天心月圆的浑璞不雕。将这样的文言经典以自由宽广的课程视野、清新舒展的学习方式让孩子们阅读和体验，自然能使他们孜孜不倦、乐此不疲。这样的尝试得到了许多孩子的喜欢和认可，也使许多老师、家长瞩目。于是我就想将之系统地编纂成书，将这些探索和实践固化下来，也将自己对于孩子们文言学习的科学路径和适切方法沉淀下来，让更多的小朋友、大朋友可以了解雅言传承中的大千世界、嬉笑怒骂里的百态人生。

很有幸，去年遇到浙江大学出版社的老师们，他们对于我的这个想法非常感兴趣，且充满了期待。在他们的鼓励和支持下，我带着我的研究生，开始尝试着序列化、结构化地开发适合孩子们阅读和学习、体验和运用的文言内容。我们基于当代小学生的读写能力，呼应课程标准实践性、综合性、情境化、整合化的学习方式，从更为注重自我生命体验、更为关注审美生活的时代特征出发，筛选了《世说新语》《古今谭概》《东坡志林》《唐才子传》《浮生六记》《夜航船》等从先秦两汉到明清的30多部经典传奇笔记小说中贴近日常生活与人世繁华，内容合宜且语言清浅的精短篇章，再前拈后连，基于语文学习的规律和孩子们的学习兴趣设计助读系统，搭建学习支架，将相应的人物与典故、诗词与故事、阅读与表达、学法与思维、情趣与意象，像拼图一样一块一块地拼接编纂起来。比如“梳理故事结构”板块通过思维导图的形式揭示内容要点，“说说文章内容”板块通过娓娓道来的讲述展现精彩所在，“品读更多诗文” 板块是联系相关诗词进行扩展阅读，“创意表达运用”板块重在让文言实现迁移运用，活在孩子们的语言生活里。这些助读系统，试图突破亦步亦趋、支离破碎、枯燥乏味的文言知识学习模式，让孩子们在充满好奇、轻松愉悦的阅读体验中，循序渐进地感受文言的表达特点，形成文言语感的基本心理图式，习得文言、诗词、故事等相互融通的结构化的阅读能力，历经“生吞活剥、连滚带爬、脱胎换骨、信手拈来”的文言读写实践。希望这套书能真正成为孩子们文言积累、阅读、表达与审美的辽阔疆场；也期待孩子们能从那些故事中管窥古人生活的世态百相，感受元气淋漓的人物形象，领略或酣畅洒脱或倨傲奇崛的士人性情，领略中华文化的磅礴瑰丽，涵养文人风骨，培育中华气度，栽下一颗安顿生命的种子。

就这样，我们从孩子们的视角和体验出发，以语文教科书编者般的苛刻，想象着日常阅读和课堂场景，以任务群、主题式学习要素和助读系统进行组元。以一篇触发一类、联动一群的方式陆陆续续编写了“小古文大发现”丛书，并以“古人娱乐之趣”“古人雅好之奇”“古人品格之旷”“古人智慧之丰”“古人情感之真”“古人才艺之绝”“古人生活之美”为题。如今，它们终于出版了，我着实感到欣慰。它们承载了我这些年文言阅读与教学的探索，每一篇选文都经过了千淘万漉，每一项解读和注释都凝结着我和团队的精心打磨，每一个助读系统都融聚着我和我的研究生齐婷婷的想象与智慧，每一册、每一个单元的结构与要素都经受了浙江大学出版社老师们挑剔的眼光，每一本的版式与装帧又经历了千回百转的设计与修正。

更重要的也是最为庆幸的是，我终于没有板起了面孔，好为人师地滔滔不绝，我找到了一种打开语文、打开文言世界的方式，让千百年前真实的生活故事、生命境遇与当下的生活与情境实现了对话，让文言新鲜地活在孩子们的嘴里和笔下，尤其是让中华传统的情趣和审美，润泽到孩子们的心里。

我不敢妄想这些小书能让孩子们从此对语文、对文言、对中华传统文化狂热喜爱、痴迷眷恋，但如果有那么一点启发，能播撒下那么几颗种子，再幸运一些，让孩子们感悟了文言所刻画的人物、叙述的故事、展露的情感、描述的场景都与我们当下的生命生活似曾相识，甚至是久别重逢，使其体验到编织在语言文字里的、与自己的生命和生活若即若离的美好与哀愁，那真可谓善莫大焉！

是为序。

2022年仲秋罗才军

于一本居

序

古人智慧，从书籍、故事、言谈中所知甚多。那些响亮名讳如王戎、解缙、东方朔无不以其过人之智留下传世美谈，令人百世景仰，读来不忍释卷。

本册以不同领域智慧闪现为分野，编撰察智、捷智、上智、言智四篇，将古人在不同境遇之下的急中生智、足智多谋、智勇双全、机深智远、智周万物等等逐一呈现，其间有尴尬之化解，亦有危机之消除，甚至于护人周全、保己性命，令人大开眼界。

众所周知，所谓智慧，无非观人情绪、细察世界、留心生活、仁和刚毅、突破思维、切己领悟，也即“世事洞明、人情练达”。一经道破，本来无奇。平凡如你我，能凡事留心、转念一想、耿耿于怀、念念不忘，甚至于学而用之、演而习之、悟而化之，久久为功，亦能成慧杰之士。

不过，智分大小。正所谓“大知闲闲，小知间间”，巧言令色、饰智矜愚甚或利令智昏之小智，实在令人不齿。但要养智，必得追求闲闲大智，既有那运筹帷幄、决胜千里之豪气，亦有绝圣弃智、谈笑风生之定力，更有那成人之美、益世安邦之格局。

且开卷，袭古人之智，创今世新局。

目录

MULU

第一篇 察智

第二篇 捷智

第三篇 上　智

第四篇 言　智

第一篇 察智

道旁苦李

王戎七岁，尝与诸小儿游。看道边李树多子折枝，诸儿竞走取之，唯戎不动。人问之，答曰：“树在道旁而多子，此必苦李。”取之，信然。

——《世说新语》

梳理故事结构

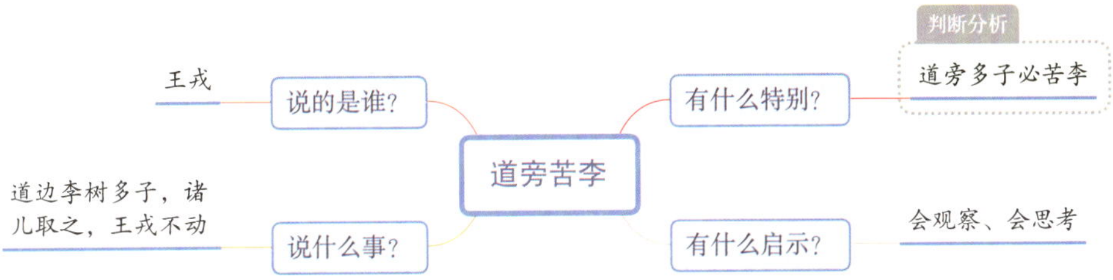

说说文章内容

读书有时候很有意思，因为能看见世相百态。比如读《世说新语》，不仅能看见生动活泼的各色人物，还能领略许许多多汉末至东晋时期的风土人情。它就像一部讲述当时上层社会生活的百科全书，甚至细微到那个时候的人们爱吃什么样的水果。

从《世说新语》所讲述的来看，若要问那个时期什么水果最受欢迎，则非李子莫属。李子是魏晋时期出现频率最高、很多人都喜欢吃的水果，因而，关于吃李子、卖李子的故事在《世说新语》中也最多。

这些故事中，最典型的一位人物要数王戎。王戎是西晋的名士，他从小就非常聪颖，长大后做过很多官，甚至曾负责为朝廷选拔官员。有一段时间，王戎也曾放下一切，寄情于山水之间，不理世俗的事。所以，王戎和嵇康、阮籍等七人合称为“竹林七贤”。王戎非常孝顺，母亲去世的时候他悲伤到面容憔悴，身体虚弱，连起身都要拄拐杖。但同时，王戎也有许多令人啼笑皆非的性格特点，比如吝啬，爱财如命。

接下来让我们一起看看这个故事中的王戎。

王戎七岁的时候，曾经和小伙伴们一块儿外出游玩。文中的“尝”在文言文里常常出现，放在句首一般表示“曾经”的意思。他们看见道路旁边有几棵李树，枝条上都结满了果实，看上去一个个都熟透了，而且多得都快把树枝压弯了。小伙伴们都争先恐后地去摘李子，只有王戎一个人站在一旁，一动不动。有人就感到奇怪，问王戎为什么不去摘李子，王戎回答说:“这李树长在道路旁，上面结了那么多成熟的李子，却不见有人摘取，可见这一树的李子必定都是苦的。”文中的“答曰”，前面省略了主语“王戎”，这在文言文中很常见。王戎说完后，小伙伴们摘下李子一尝，果然如王戎所说，李子全是苦的。

现在，“道旁苦李”这个词的意思也从原来“路边的苦李，走过的人不愿摘取”，延伸到用来比喻被人所弃的无用的事物或人。

你看，一个七岁的小孩，放到现在才刚上小学呢，就那么聪明。他的聪明体现在以下几方面：首先，他会观察，能发现这些李树就在道路旁边，而且李子结得非常多，也已经熟透了。其次，他会思考，李子那么多，又在路旁，却没有被路人摘完，这是什么原因呢？最后，他会推理，从李树在道旁多子折枝而没有人摘而推断出李子一定是苦的。一个七岁的小孩就有这样的见识，能这样缜密地思考和精准地推理，确实是让人不得不佩服。

互文扩展阅读

王戎有好李，卖之，恐人得其种，恒钻其核。——《世说新语》

王戎家里有一棵李树，结的李子又大又甜，每次上街卖的时候都被一抢而空。他心里想啊，要是有人买了我家的李子，取出其中的种核，也开始种，那该如何是好？他为此愁得晚上都睡不着觉！后来，他就做了一件很有毅力的事情——把自己要卖的每一个李子的核都抠出来留着。这下他终于睡得着觉了。

有人可能认为不过区区几个李子而已，有必要这么折腾吗？但回到魏晋时期，倒还真不能这么轻易判断。毕竟，古人不懂转基因育种、无土栽培，好吃的李子品种对他们来说可能是他们自己辛勤培育多年的成果。当然，话说回来，珍惜李子种核可以理解，但李子那么小，这一天能钻几个核啊？一天又能卖出去多少啊？这种吝啬是超越了人之常情的，因而现代汉语里的成语“卖李钻核”也用于形容人极端自私。

理解重点词语

道 旁 苦 李

道旁苦李

原　义：路边的苦李，走过的人不愿摘取。

比喻义：无用的事物或不被重视的人。

卖李钻核

卖李钻核

原　义：卖李之前先钻李核，免得别人得到良种。

比喻义：形容人极端自私。

品读更多诗文

这两则故事围绕李子，一方面体现了王戎的聪慧机敏，另一方面也体现了他的吝啬自私。其实，古代关于李子还有很多诗句和俗语，我们来看看这些文句又体现了李子什么样的内涵吧！

主题词　　李子

古代诗文

五沃之土……宜彼群木……其桃其李，其秀生茎起。——《管子》

瓜田不纳履，李下不整冠。——古乐府《君子行》

青玉冠西海，碧石弥外区。化为中园实，其下成路衢。在先良足贵，因小邈难逾。色润房陵缥，味夺寒水朱。摘持欲以献，尚食且踟蹰。

——沈约《麦李》

民间俗语

桃养人，杏伤人，李子树下抬死人。——民谚

（李子）不可多食，伤损脾胃。——兰茂《滇南本草》

（李子）多食生痰助湿，发疟、痢，脾弱者尤忌之。——王士雄《随息居饮食谱》

创意表达运用

这两则故事刻画了一个性格饱满的王戎，既写出了他的聪慧机敏，也写出了他的自私吝啬。“互文扩展阅读”里的这一则故事，只用短短 16 个字就把王戎自私吝啬的形象刻画得淋漓尽致，其中“王戎有好李，卖之”是事件的起因，“恐人得其种”是事件的经过，“恒钻其核”是事件的结果，全篇没有出现“吝啬”或“自私”的字眼，但却让读者感受到了他的吝啬。

请你也试着用“起因—经过—结果”的结构来写一件事，并通过这件事展现人物的独特个性。注意不能直接写出这个人的个性，要让读者感知哦！

起因 ____________________

经过 ____________________

结果 ____________________

人物个性 ____________________

体悟人格精神——说说王戎

王戎，字濬冲，西晋时期琅邪临沂人，也就是现在的山东临沂人。

据说王戎从小聪明过人，可以“视日不眩”，《晋书》中写他六七岁在宣武场观戏时，面对猛兽却能独立不动、神色自若。长大后的王戎好清谈——“清谈”指名士聚在一起相互交流，这是魏晋时期文人学士间流行的一种风气，一般有宾主两方，并设有论题。在当时王戎以精辟的品评与识鉴著称。王济就曾说：“王戎谈子房、季札之间，超然玄著。”可见，王戎的才华确实受到当时人们的称赞。但就是这样一个年少颖悟、擅长清谈的王戎，在生活中却是一个无比吝啬的人。《世说新语》的“俭啬”篇一共有 9 则文章，其中有 4 则讲的都是王戎吝啬的故事，可见他的吝啬是出了名的。在仕途上，西晋惠帝时，他累任尚书令、司徒等职，后来，他认为天下将乱，便不理世事，随波逐流，最后于 305 年逝世，谥号“元”。

琵琶果

莫廷韩过袁太冲家，见桌上有帖，写“琵琶四斤”，相与大笑。适屠赤水至，而笑容未了，即问其故。屠亦笑曰：“枇杷不是此琵琶。”袁曰：“只为当年识字差。”莫曰：“若使琵琶能结果，满城箫管尽开花。”屠赏极，遂广为延誉。

——《古今谭概》

梳理故事结构

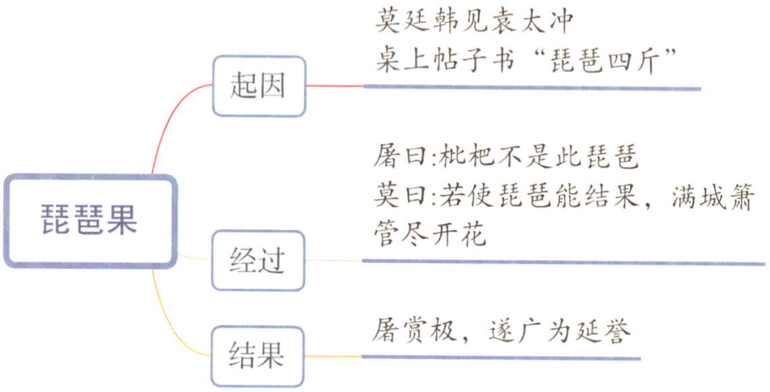

说说文章内容

莫廷韩去袁太冲家时，看到桌子上有张帖子，上面写着“琵琶四斤”，就大笑起来。这个时候屠赤水过来了，看到莫廷韩还在笑，就问他怎么回事。知晓了缘故后，屠赤水也笑起来，说：“这四斤‘枇杷’是水果，是木字旁的枇杷，不是这个可以弹的琵琶。”袁太冲不好意思地说：“哎呀，只是因为我当年识字太差。”莫廷韩说：“如果能使琵琶结果，那满城的箫管竹笛也都能开花了。”屠赤水非常欣赏这诙谐的说法，这事儿传扬开来，成了一则美誉。因错别字而引出一段佳话，可谓别有情趣。

无独有偶，不妨再和大家说说另一个故事，出自清代褚（chǔ）人获的《坚瓠（hù）集》，说的是有人送枇杷于沈石田，误写成“琵琶”。石田答书曰：“承惠琵琶，开奁（lián）视之，听之无声，食之有味。乃知司马挥泪于江干，明妃写怨于塞上，皆为一啖之需耳。”

故事中的沈石田即明代杰出书画家沈周。沈周收到别人送来的枇杷，可上面写的却是可以弹奏的“琵琶”，于是回信幽默了一回，说：“你送来的琵琶不能弹奏但能吃，我这才知道白居易在浔阳江边流泪，王昭君在塞外表达哀怨，都是因为馋的、饿的，需要吃一口枇杷。”

相信现在大家都听明白了这两个故事之间的联系。枇杷写成琵琶固然令人啼笑皆非，但莫廷韩和沈周的风流文采，不仅化解了主人的尴尬，而且还使之变成一段佳话，这正是豁达幽默的巨大力量。

品读更多诗文

主题词　　枇杷

细雨茸茸湿楝花，南风树树熟枇杷。——杨基《天平山中》

万里桥边女校书，枇杷花里闭门居。——王建《寄蜀中薛涛校书》

枇杷花底校书人。——纳兰性德《浣溪沙》

被野老、相扶入东园，枇杷熟。——辛弃疾《满江红》

榉柳枝枝弱，枇杷树树香。——杜甫《田舍》

东园载酒西园醉，摘尽枇杷一树金。——戴复古《初夏游张园》

五月枇杷黄似橘，谁思荔枝同此时。——梅尧臣《依韵和行之枇杷》

上面这些写枇杷的诗句，写出了枇杷“味香”“色黄”等特点。而下面这些写琵琶的诗句，则把琵琶与“声动听”“相思”“异域”联系在了一起。

主题词 琵琶

小莲初上琵琶弦，弹破碧云天。——苏轼《诉衷情》

玉葱，翠峰，娇怯琵琶重。——乔吉《朝天子》

闲把琵琶旧谱寻，四弦声怨却沉吟。——贺铸《减字浣溪沙》

琵琶绝艺。年纪都来十一二。——苏轼《减字木兰花》

琵琶弦上说相思。当时明月在，曾照彩云归。——晏几道《临江仙》

中军置酒饮归客，胡琴琵琶与羌笛。——岑参《白雪歌送武判官归京》

葡萄美酒夜光杯，欲饮琵琶马上催。——王翰《凉州词》

俗语为文

吴人多谓梅子为"曹公",以其尝望梅止渴也。又谓鹅为"右军",以其好养鹅也。有一士人遗人醋梅与燖（xún）鹅，作书云："醋浸曹公一甏（bèng），汤燖右军两只，聊备一馔（zhuàn）。"

——《梦溪笔谈》

梳理故事结构

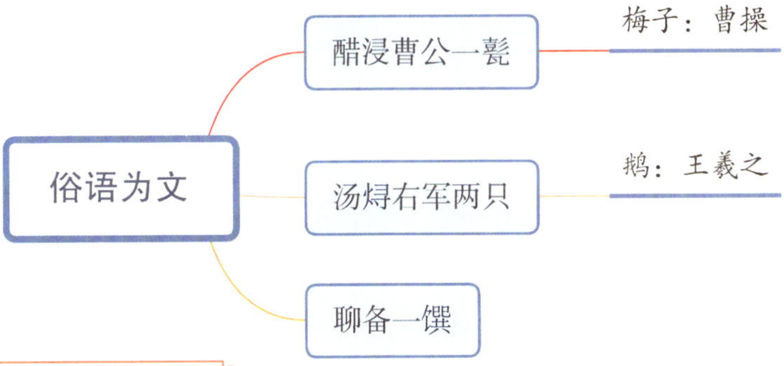

说说文章内容

吴地的人常常把梅子称作"曹公"——曹操，因为曹操曾经有过"望梅止渴"的故事。他们又把鹅叫作"右军"——王羲之，因为王羲之官至右军将军，人称"王右军"，他非常喜欢鹅。有个读书人要把酸梅和烧鹅送给别人，于是就在信里写道："送上醋泡曹公一坛，汤煮右军两只，勉强供一顿饭食。"

这则小故事简短有趣，涉及两则名人故事。

第一则故事是不少小朋友都非常熟悉的"望梅止渴"，后来人们想到梅自然就会联想到曹操，所以这里用醋浸泡的梅子就被戏称为"醋浸曹公"。

这个故事的原貌究竟如何，故事中的梅林又在哪里呢？让我们在之后的内容中继续学习（详见本书第三篇的“望梅止渴”）。

那么第二则故事，“王羲之爱鹅”又是怎么回事呢？《晋书》记载了这样一个故事：在会稽，也就是现在的绍兴，有一个孤老太太养了一只好鹅，想要卖掉可是没人要。王羲之听说了，就邀了朋友前去观赏。老太太听说大名鼎鼎的王羲之要来，就杀了鹅准备款待他。王羲之一到，想先看鹅却发现鹅已经死了，只能懊恼而归。另外还有一个故事也说到王羲之爱鹅，说的是绍兴有个老道士，希望得到一本王羲之手书的《黄庭经》。他知道王羲之爱鹅，于是就精心培养了一批良种白鹅，每日在王羲之与友人郊游的地方放养。王羲之有一天终于“偶然”碰见了这群白鹅，十分惊喜，便想要买下白鹅。这正合了道士的心意，道士说：“你只要给我写一篇《黄庭经》，我就把这些鹅全部送给你。”王羲之高兴地写好后，便带着这一笼鹅回家了。这篇书法世称“右军正书第二”，而后人更是由于这个典故，有将《黄庭经》称作《换鹅帖》的。大诗人李白在《送贺宾客归越》中所写“山阴道士如相见，应写黄庭换白鹅”便是引用了这个典故。

“王羲之爱鹅”后来被当作文人雅士情趣生活的体现，后人将其与“陶渊明爱菊”“周敦颐爱莲”“林逋爱梅”并称，是为“四爱”，都反映了文人高士风雅清逸、超尘脱俗的情志。

理解重点词语

望 梅 止 渴

望梅止渴

原　义： 梅子酸，人想吃梅子就会流涎，因而止渴。

比喻义： 愿望无法实现，用空想安慰自己。

互文扩展阅读

王羲之与鹅关于书法的趣事一则

传闻王羲之爱鹅成痴，他不仅养鹅，还观察鹅的叫声和神态，并逐渐融入其书法艺术之中。他所写的鹅字一笔而过，称为“一笔鹅”。更为关键的是，他还从鹅的体态以及鹅行走、游泳等姿势中，体会出书法运笔的奥妙，领悟到书法执笔、运笔的道理：他认为执笔时食指要像鹅头那样昂扬微曲，运笔时则要像鹅掌拨水，方能使精神贯注于笔端。

创意表达运用

你看，本节学的故事让我们看到了语言表达的幽默有趣，其实生活中有很多俗语有着强大的表现力，比如“冬天冷啊，水咬手”就是借用平日大家熟悉的被咬的疼痛感来传达冷的感觉，非常巧妙。你也可以试着写一写哦！

体悟人格精神——说说爱动物的古代人

爱动物的古代人

陆游爱猫

陆游有许多咏猫诗流传至今：

《嘲畜猫》（节选）

甚矣翻盆暴，嗟君睡得成！

但思鱼餍足，不顾鼠纵横。

《十一月四日风雨大作》（其一）

风卷江湖雨暗村，四山声作海涛翻。

溪柴火软蛮毡暖，我与狸奴不出门。

卫懿公爱鹤

卫懿公嗜好养鹤，他养的鹤就像官员一样，是有品位、俸禄的：上等的竟食大夫禄，较次者士禄。他外出游玩，必带鹤，载于车前，号称“鹤将军”。他养鹤也爱屋及乌：凡是献鹤的人都会给予重赏。但是他好鹤成瘾，乃至不理朝政，漠视民疾，最终民怨沸腾，国势衰弱。

正德皇帝爱豹

正德皇帝的个性刚烈英武，胆量也相当大——他喜欢养千奇百怪的宠物，其中就有豹子。为了养豹子，他专门在京城西面新修了一座豹房，在里面养了许多豹子。

嘉靖皇帝爱猫

嘉靖皇帝曾养过一只名叫“眉霜”的猫，它很是聪颖，后来被特封为“虬龙”。它死后嘉靖皇帝亲自为它的墓题了“虬龙墓”。从这赐名和死后的仪仗，可见其受喜爱之深。

为宅之法

徐孺子，南昌人，十一岁与太原郭林宗游。同稚[1]还家，林宗庭中有一树，欲伐去之，云："为宅之法，正如方口。'口'中有'木'，'困'字不详。"徐曰："为宅之法，正如方口。'口'中有'人'，'囚'字何殊？"郭无以难。

——《古今谭概》

①稚：此处保留《古今谭概》原文用字，徐孺子名据《辞海》实为"穉（zhì）"字。

梳理故事结构

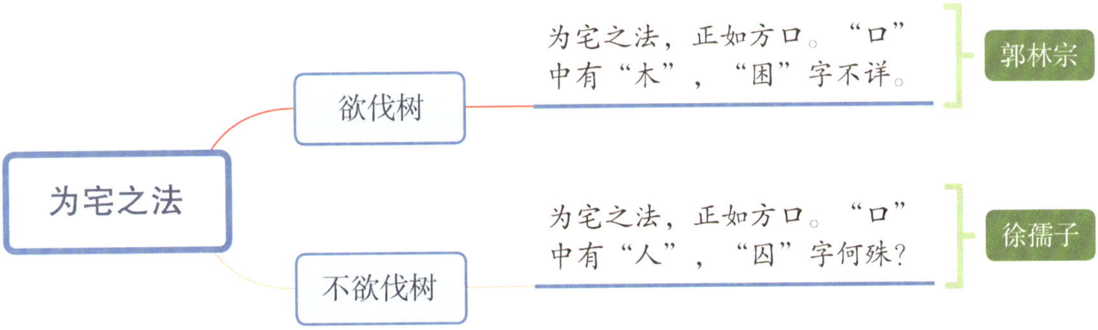

说说文章内容

文中提到的徐孺子正是从小聪明过人的徐穉。徐穉，字孺子，今江西南昌人，是我国东汉时期著名的高士贤人，世称"南州高士"。他因"恭俭义让，淡泊明志"而受到世人的推崇，被认为是"人杰"的典范和楷模。

这则故事说的是什么呢？徐孺子是南昌人，相传他十一岁的时候，有一次同太原人郭林宗一起出游。游完两人一同回到郭家，见郭家庭院里有一棵大树，郭林宗想把树砍了，就说：“修建住宅有讲究，（宅子）就像一个方口，如果庭院中有树，就像方口中有木，那不就成了困难的‘困’字，太不吉利了。”徐孺子对此进行反驳，他说：“住宅的讲究呀，的确在方口。如果宅中有树，是不祥的‘困’字，那把树砍倒，宅中只剩下人，方口中有人，不就成了囚犯的‘囚’吗？那不是更不吉利了吗？照这个意思，如果‘困’字不祥要砍树，那‘囚’字又有什么不同之处？”

郭林宗把庭中有树理解为“困”，而徐孺子则将庭中有人理解为“囚”。如此解释，虽然劝止了郭林宗伐树的念头，但郭林宗若一想到自己不伐树也被“囚”住了，心里难免不舒服。可见这宅如方口的说法最终总会让郭林宗不舒服。有时麻烦、痛苦是自己“想”出来的。这叫世上本无事，庸人自扰之。说到底，客观环境在那里，对于大多数事情，应该试着从自己身上找找原因，解决问题才是正道。说到底，什么样的心境营造什么样的环境，心明媚了，世界才明媚。你要是心无旁骛，庭院中绿树葱茏，亭亭华盖，不是很令人心旷神怡吗？

理解重点词语

为宅之法

为宅之法 修建住宅的方法。

互文扩展阅读

徐孺子下陈蕃之榻

徐字孺子，豫章南昌人也。家贫，常自耕稼，非其力不食，恭俭义让，所居服其德。屡辟公府，不起。

时陈蕃为太守，以礼请署功曹，不免之，既谒而退。蕃在郡不接宾客，惟来特设一榻，去则县之。后举有道，家拜太原太守，皆不就。

——《后汉书》

创意表达运用

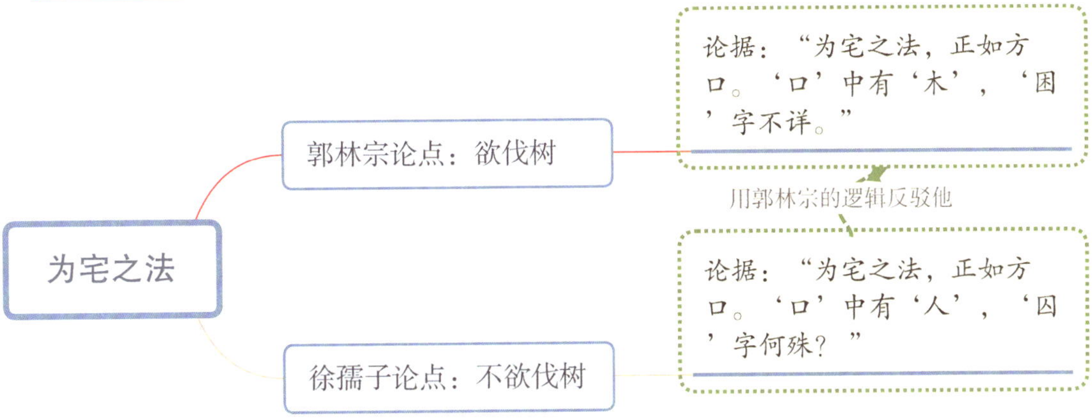

体悟人格精神——说说郭泰

这次学习的故事中提到的郭泰，字林宗，东汉太原界休（今山西介休东南）人。他家世贫贱，自幼丧父，和母亲艰难度日。后来，他游学洛阳，结识了四方名士，比如他第一次和担任河南尹的李膺相见就志趣相投，结为莫逆之交。作为一个初出茅庐的书生，郭泰能和时任河南尹，相当于治理东汉首都所在地区的高级官员成为知交，当然一时名震京师。

郭泰这个人非常聪明，东汉政治腐败，许多朝臣深受党锢之害，他的知交李膺因第一次"党锢之祸"获罪，虽被释放，但终身不能做官。而郭泰在第一次"党锢之祸"后闭门教书，培养出弟子千人。他常常评论朝野、褒贬人物，但由于他实事求是，不空言相讥，让奸臣难以抓到把柄。郭泰去世后，来吊唁的人络绎不绝，可见其影响力。

拙对

《谐史》：河南一士夫延师教子，其子不慧。出对曰：“门前绿水流将去。”子对云：“屋里青山跳出来。”士夫甚怒。一日士夫偕馆宾诣(yì)一道观拜客。道士有号彭青山者，脚跛，闻士夫至，跳出相迎。馆宾谓士夫曰：“昨令公子所谓‘屋里青山跳出来’，信有之矣。”士夫乃大笑。

——《古今谭概》

梳理故事结构

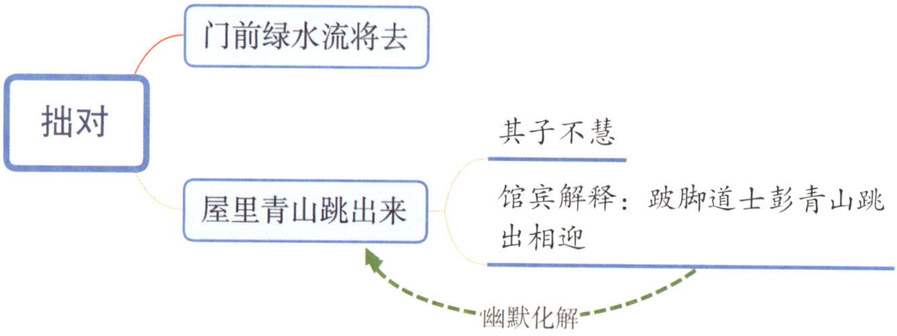

说说文章内容

在讲文章内容前，我们先来学习文章中出现的两个词语。士夫，古代指男子，有时候也指读书人。馆宾指私塾先生或者府中的幕宾。

《谐史》里讲了一个故事：河南有一个士大夫请了个私塾先生教儿子，这个儿子不怎么聪明。私塾先生出了个对子：“门前绿水流将去。”那儿子却对道：“屋里青山跳出来。”士大夫非常生气。某一天，士大夫带着私塾先生去道观拜客。有个叫彭青山的道士，脚有点儿跛，听说士大夫来了，从观内跳出来迎接。私塾先生对士大夫说：“过去贵公子对的‘屋里青山跳出来’，原来真有其事啊。”士大夫于是大笑。

故事中的这个对联虽对得不妙，但这个故事本身却十分有趣，不妨再说两则幽默有趣的对联故事给大家听听。

一则故事说的是戴大宾，他是明代福建莆（pú）田的才子，幼时就聪明过人。一次，私塾先生出句考众生，他出的句仅有“月圆”两个字。戴大宾当场对曰：“风扁。”先生问道：“风怎么是扁的？”戴答：“风如不扁，怎么能从门缝钻进来？”先生点头称妙。以“扁”对“圆”，十分精巧，更叫人感到新奇的是说风是扁的，这说法既富有童心，又颇为幽默风趣。

另一则故事说的是鼎鼎有名的苏东坡与王安石，有一次两人一同去游玩，偶然看见一座房子根基已经松动，一面墙向东倾斜。王安石立即出上联戏弄东坡：“此墙东坡斜矣。”苏东坡仰天大笑，马上对说：“是置安石过也。”两个人都将对方的名字嵌在对联中，一语双关，而且幽默诙谐，着实妙不可言啊！

理解重点词语

延

延

1. 延续。《过秦论》：延及孝文王、庄襄王，享国之日浅，国家无事。

2. 蔓延。《资治通鉴》：烧尽北船，延及岸上营落。

3. 迎击。《过秦论》：秦人开关延敌，九国之师，逡巡而不敢进。

4. 邀请。《桃花源记》：余人各复延至其家，皆出酒食。

古文中“延”有这么多意思，你知道本则故事中“延师教子”的“延”是什么意思吗？试着填在下面的横线上，可以试试代入的方法哦！

____

诣

诣

1. 到……去，前往。《指南录后序》：贾余庆等以祈请使诣北。

2. 拜访。《资治通鉴》：遂与鲁肃俱诣孙权。

古文中“诣”有两个意思，你发现了吗？有时，“诣”作“到……去”的时候也暗含一种到尊长处去的意思呢！

互文扩展阅读——趣说对子

对对子就是对对联，一个人出上联或下联，由另一个人对下联或上联，这种文字智力游戏对于习作古体诗很有帮助。对对子的特点概括起来是：字数相等、内容相关、词性相当、结构相称、节奏相应、平仄相谐。

1. 谐音对子

两艇并行，橹速不如帆快；八音齐奏，笛清难比箫和。

橹速→鲁肃　帆快→樊哙　笛清→狄青　箫和→萧何

2. 拟声对子

独揽梅花扫腊雪，宜量山势舞流溪。

独揽梅花扫腊雪→音乐简谱 1234567 的谐音

宜量山势舞流溪→江浙方言 1234567 的谐音

3. 数字对子

花甲重开，外加三七岁月；古稀双庆，内多一个春秋。

花甲	重开		三七		古稀	双庆		一个春秋
60 岁	2 倍		3 与 7		70 岁	2 倍		1 年
60 × 2		+	21	=	70 × 2		+	1

你发现了吗？这些对子不仅符合我们对对子的要求，而且各有巧思，真有意思，请你也来试着对一对吧！

有一位学馆的老师，在微雨时分有感而发，下面是他出的上联，将细雨比喻为丝，并进一步发出疑问：什么样的织布机可以织出细雨呢？请你试着对一对下联吧！

细雨密如丝，何机可织？

____

第二篇

捷智

报栗

梁萧琛预御筵，醉伏。武帝以枣投琛。琛便取栗掷帝，正中面。帝动色。琛曰："陛下投臣以赤心，臣敢不报以战栗！"

——《古今谭概》

梳理故事结构

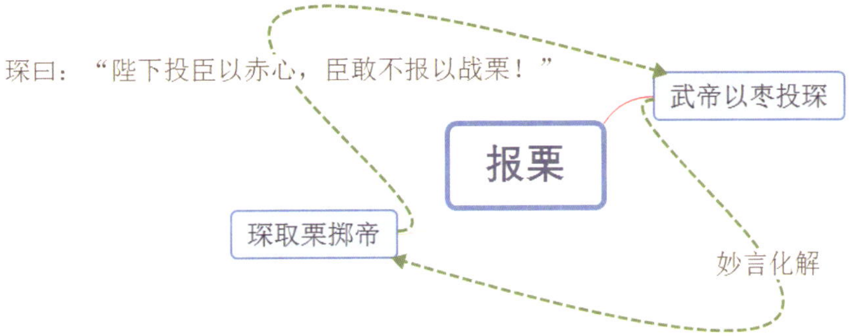

说说文章内容

南朝梁的大臣萧琛有一次参加武帝准备的晚宴，也就是御筵，喝多了酒，醉倒伏在了桌子上。武帝看见了，就拿起桌上的红枣丢过去，想开玩笑叫醒他。萧琛醉得晕乎乎的，突然被砸醒，一时忘记了君臣之礼，想也不想就拿起桌上的栗子丢向武帝，结果正好砸中了武帝的脸。武帝作为皇帝，居然被一个臣子用栗子丢到脸上！这是何等不敬，他一时之间气得脸色都变了。萧琛眼看武帝生气了，酒都化作冷汗了，急中生智，马上说："陛下，您用红色的枣子丢我，就是把您的赤诚之心给了我，对我是无比的信任，那我就不敢不把栗子投还给陛下您，以表达我对陛下忠诚敬畏的战栗之心呀！”就这样，化解了尴尬。

因为枣子是红色的，所以可以说成赤子之心。而栗子的“栗”又和战栗的“栗”是同一个字。萧琛眼看武帝生气了，害怕自己拿栗子丢武帝这样大不敬的行为被治罪，就赶紧想了一个说辞，将武帝丢自己的红枣比作赤诚之心，将自己丢武帝的栗子比作臣子对君上的战栗敬畏之心。这样一来，他既化解了自己因为醉酒失态而导致的尴尬，又向武帝表明了自己作为臣子的忠心，同时还夸赞了武帝对于臣下都是以诚相待的。这样一来，即使武帝对于脸上被砸了栗子有所不满，也不能再治罪于他。此事足见萧琛的才思敏捷，反应之快。

作者冯梦龙在故事的最后评价说：“虽说得好，终是欠雅。”意思是萧琛这句话虽然说得巧妙，但是拿栗子丢皇帝依旧是一种不文雅的行为。其实不文雅的不只是萧琛，武帝的行为也不够礼貌、不够文雅，不应模仿。

理解重点词语

投 掷

你发现了吗？“武帝以枣投琛”“琛便取栗掷帝”中的“投”和“掷”都是“抛”的意思。在一篇文章中用两个不同的字来表示同一个意思，这也是文言文语言的一个有趣现象！

互文扩展阅读

同一个故事在不同古籍中的记载

帝每朝宴，接琛以旧恩。……又经预御筵醉伏，上以枣投琛，琛仍取栗掷上，正中面。御史中丞在坐，帝动色曰：“此中有人，不得如此，岂有说邪？”琛即答曰：“陛下投臣以赤心，臣敢不报以战栗。”上笑悦。

——《南史》

体悟人格精神——说说萧琛

今天我们要一起认识的萧琛，字彦瑜，南兰陵（今江苏常州西北）人。他是南朝梁文学家、官员。他雅爱音乐、诗书及醇酒，从小就朗悟，有纵横才辩，受梁武帝重用，官至金紫光禄大夫。萧琛与萧衍（高祖）、沈约、谢朓、王融、范云、任昉、陆倕等同游于竟陵王萧子良门下，这八位文学家因此也被称为“竟陵八友”，他们所作的诗大多注重声律，影响深远。

不死酒

武帝时，有献不死之酒者，东方朔窃饮之。帝怒，欲杀朔。朔曰："臣所饮，不死之酒也，杀臣，臣亦不死。臣死，酒亦不验。"

——《古今谭概》

梳理故事结构

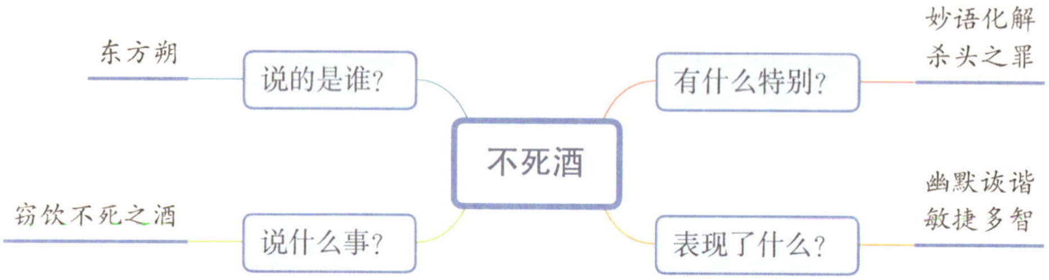

说说文章内容

这个故事说的是汉武帝刘彻在位时，有人献上喝了后能长生不死的酒，东方朔偷偷把这酒喝了。汉武帝十分恼怒，想杀东方朔。东方朔说："臣喝下的是长生不死的酒，您杀了臣，臣也不会死。若臣真被杀死了，（说明）这酒也就不灵验了。"

东方朔是西汉时期著名的文学家，他性格幽默诙谐，滑稽多智，常在武帝前谈笑取乐。可能也正因此，汉武帝一直没有正经地把他当成能献计的臣子看待过。故事里的东方朔以才思敏捷和巧言善辩，不但没有受到惩罚，而且向汉武帝证明了这世上没有喝了能长生不死的酒。东方朔虽然官职不高，但因为很受汉武帝喜爱，与汉武帝君臣相伴多年，对汉武帝的行为举措也有一定的影响。

理解重点词语

窃

窃

1. 偷盗。（行窃）
2. 偷偷地，暗中。（窃窃私语）
3. 谦辞，私自，私下。（窃以为）

互文扩展阅读

方朔窃酒

岳阳有酒香山，相传古有仙酒，饮者不死。汉武帝得之，东方朔窃饮焉。（起因）帝怒，欲诛之。方朔曰："陛下杀臣，臣亦不死，臣死，酒亦不验。"（经过）遂得免。（结果）方朔数语，圆转简明，意其窃饮以发此论，盖风武帝之求长生也。（评价议论）

——罗大经《鹤林玉露》

创意表达运用

你看，本则故事的文字精练简洁，"互文扩展阅读"中也是如此，不足百字便把事情的起因、经过、结果和评价议论写得清清楚楚，这就是文言文的特点！我们在写作的时候可以参考这种简洁的表达。这个故事也能成为我们写作的材料，以此为基础展开想象，写一写当时东方朔和皇帝之间你来我往的动作和心理吧！

____

____

____

____

体悟人格精神——说说东方朔

今天我们要一起认识的东方朔，字曼倩，平原厌次（今山东德州，一说山东惠民）人。汉武帝时期，东方朔担任太中大夫。他曾多次用辞赋来上谏，希望武帝能戒除奢侈的风气，也常常评论政治上的得失，还曾上陈“农战强国”之策，但汉武帝却视为俳优之言，始终不予采用。

东方朔的辞赋以《答客难》《非有先生论》有名，后者正是他对自己一生谏诤总结的代表作。赋中通过对吴王和非有先生君臣问答的描写，抨击了“进谏难，纳谏更难”的现实，发泄了东方朔自己因仕途失意而产生的满腹牢骚。

后世有很多关于他的传说，但是大多不是信史，仅可供闲谈消遣。大家看，下面这张图展现了“后人眼中的东方朔”。看来，他真是一个颇具个性且备受争议的人物呀！

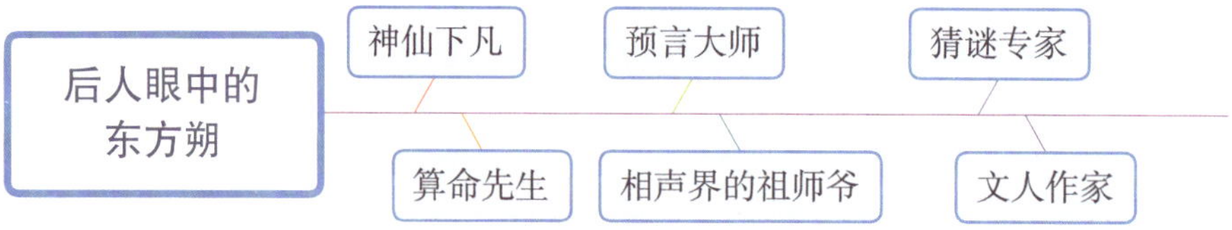

鸡肋

刘伶尝因大醉，与俗人忤。其人攘袂（mei）奋拳而往。伶徐曰：“鸡肋不足以安尊拳。”其人笑而止。

——《古今谭概》

梳理故事结构

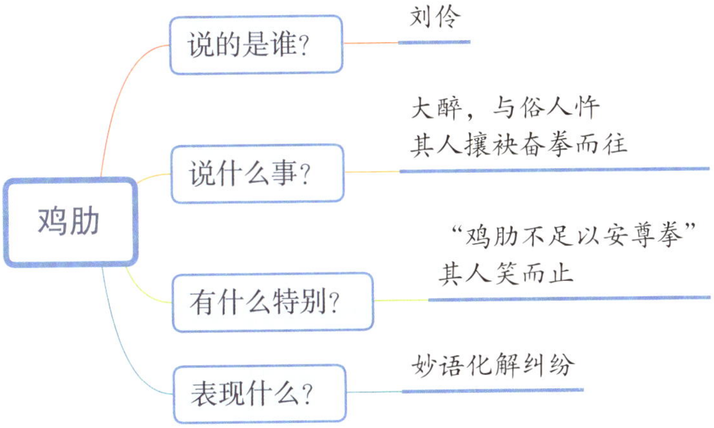

说说文章内容

刘伶是魏晋时期的名士，与阮籍、嵇康、山涛、向秀、王戎和阮咸并称为“竹林七贤”。刘伶非常爱喝酒，过着纵酒放诞的生活。

这个故事说的是，刘伶曾经有一次因为喝得大醉，居然和一个俗人起了争执。那个人挽起袖子，握紧拳头，准备大干一场，用力向刘伶打去。而刘伶见了，却不紧不慢地说道：“我瘦得像鸡肋，恐怕不能让你的拳头打得舒服啊。”那人听了，禁不住笑了，就不打了。

和现在的人人平等不同，古时候的人与人之间是有地位、等级的差别的。古代有人把“人”分为六层，分别是浑人、俗人、凡人、贤人、达人、仙人。俗人，是指靠欲望生存的人，而贤人则是靠信念生存的人。被后人称为“竹林七贤”之一的刘伶，在生活中却有着“放浪形骸、不拘一格”的一面，尤其是在醉酒之后。刘伶推崇老子、庄子，追求自由逍遥。喝酒大醉、与俗人争执，本是让贤人所不齿的事情，但刘伶似乎也并不在意这些，还能开个玩笑，不仅没挨打，而且化解了矛盾和尴尬。

理解重点词语

与人无忤

与人无忤 没有和人相抵触的时候，指与人相处和善。忤，违逆，抵触。

攘袂

攘袂 捋起衣袖。《书博鸡者事》：使匹夫攘袂群起以伸其愤。

奋拳

奋拳 挥拳。《随园诗话》：韩大怒，以为侮己，奋拳殴之。

互文扩展阅读

趣说“鸡肋”

自从刘伶以“鸡肋尊拳”化解了一场纠纷后，“鸡肋”这个词就进入了大众视野之中。刘伶以鸡肋来比喻自己瘦弱的身体；杨修称“鸡肋，弃之如可惜，食之无所得”，用它来比喻没有多大意义，但又不忍心舍弃的东西；晁补之以此为名写了一本书叫《鸡肋集》。那么鸡肋究竟是指鸡身上的哪一部分呢？上网查一查吧！

创意表达运用

你看，刘伶巧妙地用“鸡肋尊拳”化解了一场纠纷。有时候幽默的话能化解矛盾，简简单单的一句却有千钧之力，你有这样的经历吗？请和我们分享一下。

体悟人格精神——说说刘伶

有很多成语或典故都和刘伶有关，让我们一起来看看《晋书》中对他的记载吧！

枕曲藉槽

枕曲藉槽 枕着酒，垫着酒槽。指嗜酒，醉酒。《晋书》：先生于是方捧罂承槽，衔杯漱醪，奋髯箕踞，枕曲藉糟，无思无虑，其乐陶陶。

五斗解酲

五斗解酲 以五斗酒来解酒病，比喻非常荒谬。酲（chéng），酒醉后的病态。《晋书》：天生刘伶，以酒为名，一饮一斛，五斗解酲。

鸡肋尊拳

鸡肋尊拳 形容身体瘦弱，不堪一击。《晋书》：伶徐曰："鸡肋不足以安尊拳。"其人笑而止。

陶陶兀兀

陶陶兀兀 形容沉湎于酒，放纵傲慢。《晋书》：伶虽陶兀昏放，而机应不差。未尝厝意文翰，惟著《酒德颂》一篇。

解缙出游

解缙四岁出游市中，偶跌，众笑之。吟曰："细雨落绸缪，砖街滑似油。凤凰跌在地，笑杀一群牛。"

——《古今谭概》

梳理故事结构

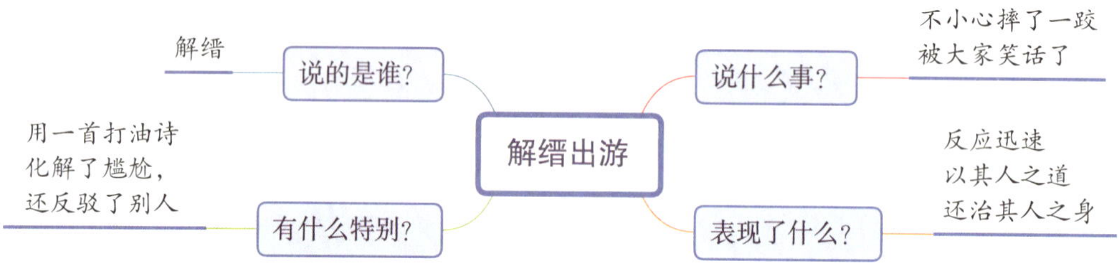

说说文章内容

今天，我们要来认识一位神童，他叫解缙，可能很多人都对这个名字很熟悉。解缙四岁的时候，曾经有一次到集市中游玩，在玩的时候一不小心摔了一跤，这里原文用的是"偶跌"，偶然的"偶"，跌倒的"跌"。然后"众笑之"，即大家都笑了。这个四岁的小孩，看着大家笑他，不仅没有感到尴尬，反而吟了一首打油诗，不仅化解了尴尬，还反驳了别人。这首诗是怎么说的呢？细雨纷纷扬扬地落下来，落到街上，使得铺着砖头的街道滑得像刷了一层油一样。我这个凤凰一不小心就跌在了地上，笑杀了周围你们这一群牛。

你看，解缙多聪明！他当时才四岁，却能够如此反应迅速地化解自己的尴尬，而且以其人之道还治其人之身！当然，他在用词上有那么一点牙尖嘴利、得理不饶人的意思。

解缙出身于书香门第，很多古籍上提到解缙，都写他小时候就聪颖绝伦，有“神童”之称。据说，解缙在襁褓之中的时候，他妈妈就抱着他在地上写字，教他认字。他五六岁的时候，有长辈把他抱在膝上问：“小儿何所爱？”他马上就作了一首诗回道：“小儿何所爱，夜梦笔生花。花根在何处，丹府是吾家。”十岁的时候，解缙一天就能够背诵千言的文章，也就是一千个字左右的文章。最厉害的是，他十二岁就已经读尽了四书五经，而且贯通了它们的义理。要知道，在这个年纪能读懂四书五经，本身就是一件很难的事情。他不仅把它们读完了，而且能贯通它们的义理，即能够融会贯通，学以致用，也就是真正读懂了。所以，你看，解缙果然不是一般人，怪不得四岁就能有这样机智的反应。

理解重点词语

古文中常常会有一字多义的情况，一起来看看下面这个字在古文中有哪些意思吧！

偶

偶

1.（作名词）人偶。

2.（作形容词）成双的，双数的。

3.（作名词）配偶。

4.（作动词）婚配，嫁。

5.（作副词）相对。

6.（作副词）偶然，偶尔。

“偶”作“偶然，偶尔”的意思在古文中很常见，还有很多诗人会以此为题作诗，有点像我们现在说的“随笔”，比如偶作、偶题、偶吟、偶兴、偶书、偶怀等，大多指出了诗句是偶然所得的。举个例子，我们熟悉的《回乡偶书》就是诗人迟暮之年回乡偶得的。

回乡偶书

贺知章

少小离家老大回，乡音无改鬓毛衰。

儿童相见不相识，笑问客从何处来。

像这样偶然所得的古诗还有很多，我们一起来看看吧！

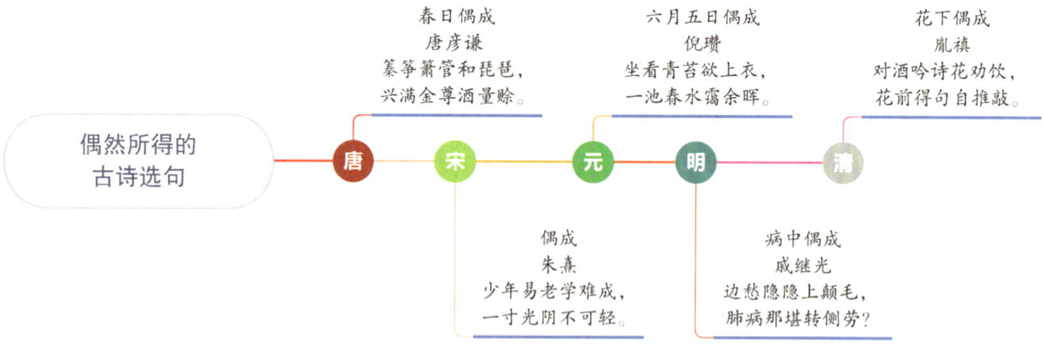

古文中一字多义的情况在“之”这个字上表现得更为明显。“之”可以作代词，代指人或物；可以作助词，相当于“的”；可以作动词，表示“到……去”；等等。

郑人有欲买履者，先自度其足而置之其坐，至之市而忘操之。已得履，乃曰：“吾忘持度。”反归取之。及反，市罢，遂不得履。

人曰：“何不试之以足？”

曰：“宁信度，无自信也。”

你知道上面这则小古文中的五个“之”字分别是什么意思吗？给你个小提示，可以采用代入的方法来尝试理解意思哦！

互文扩展阅读

古代文人不仅善用充满文学韵味的诗词来吟诵古今，也善用打油诗这样的世俗文学来幽默戏谑。上文中我们看到了当时只有四岁的解缙是怎么用打油诗来化解尴尬的，接下来让我们看看古代的其他文人是怎么用打油诗来嘲讽人事或者“还击”他人的嘲讽的。

嘲讽人事

- 司马光登山途中，遇二人联句。二人见他在一旁微笑，很是瞧不起，问道：“公亦能诗乎？”司马光便随口吟道：“一上一上又一上，看看行到岭头上。乾坤只在掌拿中，五湖四海归一望。”语言运用亦庄亦谐，雅俗相济，韵味悠长。——嘲讽轻视自己的人
- 面对不知天高地厚要求比试的酸秀才，欧阳修吟道：“诗人同登舟，去访欧阳修。修已知道你，你还不知修（羞）。”语言幽默风趣，运用谐音达到嘲讽的目的，真是“妙语戏蠢材”。——嘲讽无知的酸秀才
- 苏东坡新得一《百鸟归巢图》，邀友人题诗，诗为：“天生一只又一只，三四五六七八只。凤凰何少鸟何多，啄尽人间千万石。”其中第一句中1+1=2，第二句中3×4+5×6+7×8=98，两句中的数字加起来正好是100。这是一首有趣的析数诗，讽刺了朝中没有学识却居于高位的人。——嘲讽贪腐的权贵

面对嘲讽

- 宋代曾巩两兄弟落第后被幸灾乐祸的人编打油诗嘲笑：“三年一度举场开，落杀曾家两秀才。有似檐间双燕子，一双飞去一双来。”面对别人的奚落和嘲讽，曾巩锐意进取，寒暑苦读，力教诸弟，最终一门六人都金榜题名。曾巩更是一枝独秀，成为唐宋八大家之一。——不惧嘲讽 奋发向上
- 元末明初有个大儒叫赵东山，他有两个朋友已是垂暮之年，但仍贪恋官阶利禄。一次赵东山作了一首打油诗送给他们：“一条黑路两人忙，傍晚相看鬓已霜。你去我来何日了，亏他扯拽度时光。”两位老友知其诗意所指，于是相与感叹，辞官回家，颐养天年。——坦然接受 改正自我
- 乾隆是一个爱开玩笑的皇帝，当他下江南到苏州的时候看到一位老翁正在抓痒，于是即兴吟了一首打油诗：“痒痒抓抓，抓抓痒痒，不痒不抓，不抓不痒，越痒越抓，越抓越痒。”老翁不知乾隆身份，以为他只是一位普通的教书先生，于是回敬了一首打油诗：“生生死死，死死生生，有生有死，有死有生，先生先死，先死先生。”虽然老翁的回应有些太重了，但是只有尊重别人，才能赢得尊重。乾隆冒犯老翁，也难怪老翁不尊重他了。——面对戏谑 直言还击

少有令誉

钟毓（yù）、钟会少有令誉。年十三，魏文帝闻之，语（yù）其父钟繇（yáo）曰："可令二子来。"于是敕（chì）见。毓面有汗，帝曰："卿面何以汗？"毓对曰："战战惶惶，汗出如浆。"复问会："卿何以不汗？"对曰："战战栗栗，汗不敢出。"

——《世说新语》

梳理故事结构

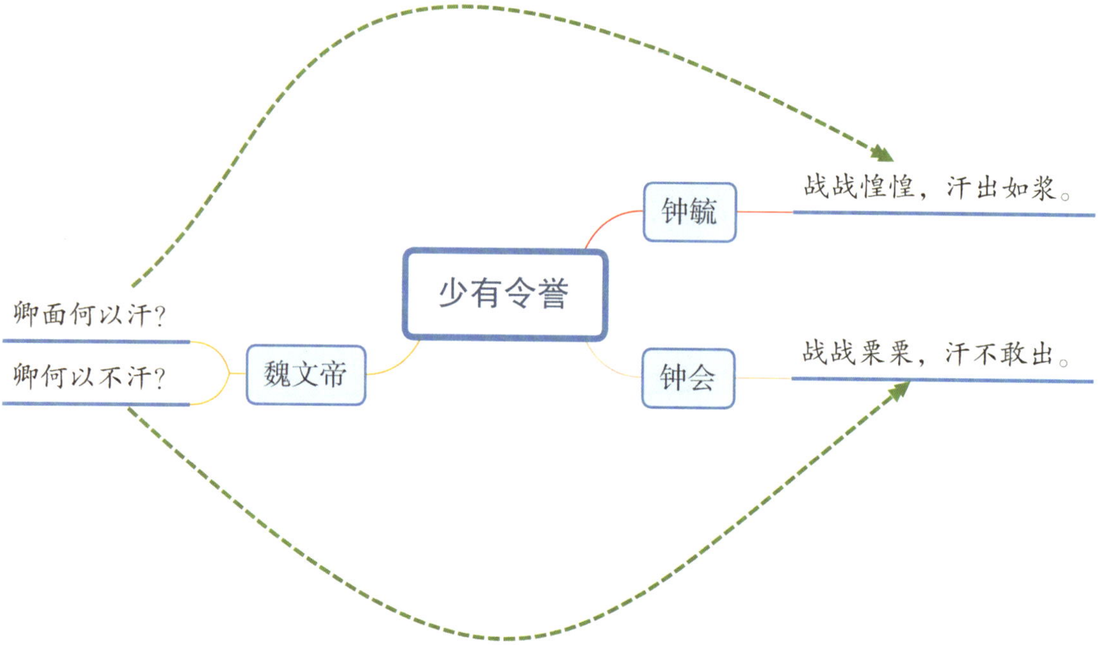

说说文章内容

钟家兄弟钟毓和钟会自小就聪明过人，名声在外。十三岁时，魏文帝曹丕听说了他们的美名，就对他们的父亲钟繇说："可以让你的两个孩子来见见我。"于是兄弟俩就奉命觐见。在文帝的威仪之下，钟毓脸上渗出了汗水，文帝问他："你脸上为什么出汗？"钟毓回答说："（我见到您）十分惶恐，汗就像水浆一样冒出来了。"文帝又问钟会："那你为什么不出汗？"钟会回答说："（我）战战栗栗，连汗都不敢出。"

从钟毓和钟会的言行来看，兄弟俩虽然都反应机敏、聪明过人、见识广博，但性格却截然不同。钟毓忠厚老实、遵守礼法、心怀畏惧，有忠臣的品格，他十四岁时，就做了散骑侍郎，后来都督荆州诸军事，去世后追赠车骑将军。钟会则机智善辩、聪明机灵、有勇有谋，他也凭借自己的才华横溢令世人铭记。他们的父亲钟繇，字元常，是三国时期曹魏著名的书法家。

理解重点词语

战 战 惶 惶

战战惶惶 惶恐不安的样子。惶惶，恐惧不安的样子。

战战栗栗

战战栗栗 因恐惧而发抖的样子。战、栗都指害怕得发抖。

体悟人格精神——说说钟氏兄弟

让我们一起再来读两个新故事，深入了解钟氏兄弟的性格特点。这两个故事中，既展现了钟氏兄弟聪明过人的一面，又表现了他们平易近人的一面。

钟会、钟毓兄弟偷酒

钟毓兄弟小时，值父昼寝，因共偷服药酒。其父时觉，且托寐以观之。毓拜而后饮，会饮而不拜。既而问毓何以拜，毓曰："酒以成礼，不敢不拜。"又问会何以不拜，会曰："偷本非礼，所以不拜。"

——《世说新语》

两头羝（dī）

钟会、钟毓皆多髯。兄弟盛饰，同坐车上，行至城西门，逢一女子微笑曰："此车中央殊高。"二钟殊不觉。车后门生曰："有女子戏公云'中央高'。"公问："云何？"答曰："夫中央高者，两头低。此戏公二人为'两头羝'也！"[①]后二钟更不同车，畏逢此女子。

——《古今谭概》

①羝意为"公羊"。"两头低"谐音"两头羝"。

谢仁祖年八岁

谢仁祖年八岁，谢豫章将送客，尔时语已神悟，自参上流。诸人咸共叹之，曰：“年少，一坐之颜回。”仁祖曰：“坐无尼父，焉别颜回？”

——《世说新语》

梳理故事结构

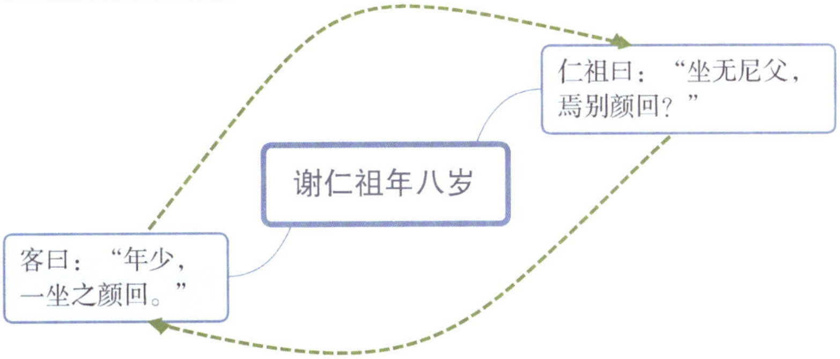

说说文章内容

这个故事第一句出现了两个有名有姓的人物，是一对父子——儿子是谢仁祖，父亲是谢豫章。我们知道在古代，官员任职的地方加上他的姓是可以用来作称呼的。谢豫章就是官至豫章太守的谢鲲，这里的豫章就是现在的江西南昌。

故事发生在谢仁祖八岁的时候，他的父亲谢豫章正在送客人。当时，年幼的谢仁祖已经显露出天资聪颖、悟性很高的一面，说话很有见地，自以为是难得一见的上流人物。于是，客人们看着他一起感叹说：“小小年纪，已像在座人之中的颜回啊。”没想到谢仁祖却说：“在座的人中又没有孔子，怎么能分辨出颜回呢？”

大家不一定能理解“坐无尼父，焉别颜回？”，因为这里“尼父”和“颜回”的含义是要读过《论语》或者熟悉孔子和他的弟子的故事的人才能真正弄懂的。孔子，字仲尼，所以人们也尊称他为“尼父”，这之中有“一日为师，终身为父”的意思。颜回是孔子最得意的弟子——据说孔子门下有弟子三千，其中杰出的贤人有七十二位，而颜回就是七十二贤人之首。他谦逊好学、忠心仁义。所以人们才会称赞谢仁祖像年少的颜回。而谢仁祖则机灵地回答：“在座中又没有孔子，怎么能分辨出谁是颜回呢？”一个八岁的孩子就有这样的知识储备与反应速度，确实让人惊叹。

理解重点词句

坐无尼父，焉别颜回

坐无尼父，焉别颜回 在座中没有孔子，怎么能分辨出谁是颜回呢？别，辨别。

互文扩展阅读

另外一本古书里记录的这个年少聪慧的谢仁祖的故事，更能显示出他的出类拔萃。

《晋阳秋》曰：谢尚字仁祖，陈郡人，鲲之子也。龆龀（tiáo chèn）丧兄，哀恸过人。及遭父丧，温峤唁之，尚号叫极哀。既而收涕告诉，有异常童。峤奇之，由是知名，仕至镇西将军、豫州刺史。

这段话说的是：

《晋阳秋》这本书上记载：谢尚，字仁祖，陈郡人，是谢鲲的儿子。他还是小孩的时候，兄长去世了，他悲痛万分。等到他的父亲过世的时候，温峤前往吊唁，开始也见到他极其哀伤地哭喊。然而等到谢仁祖收起眼泪，上前来说话，和寻常的孩童差别巨大。温峤感觉很是惊奇，谢仁祖也因此为人所知，最终官至镇西将军，豫州刺史。

创意表达运用

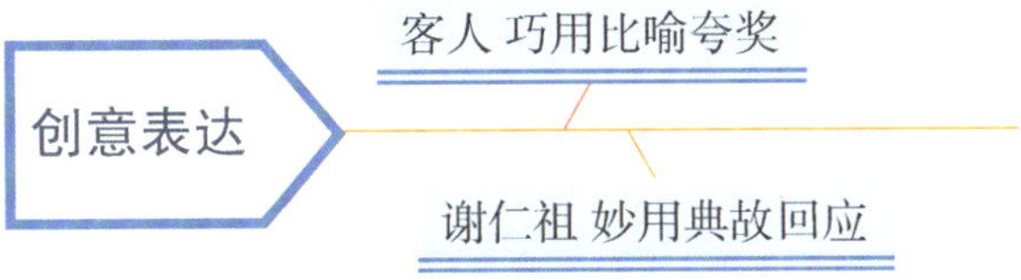

本则故事描写了谢仁祖八岁时对客人夸奖的回应。客人将谢仁祖与聪慧的颜回相比，妙用比喻；谢仁祖则用孔子与颜回之间的关系来回应，妙用典故。你看，巧妙的表达不仅能够使交流充满创意，还能体现一个人的知识储备。

体悟人格精神——说说谢仁祖

我们再来一起深入了解一下今天认识的谢仁祖。谢尚，字仁祖，东晋时期名士、将领，豫章太守谢鲲之子、太傅谢安从兄。提到陈郡谢氏，后人多以风雅誉之，这样一个“雅道相传”的风流世家中有不少的“芝兰玉树”，而谢尚因自己的“开率颖秀、辩悟绝伦”成为其中卓然不群的一个。

谢尚年轻时即才智超群，他精通音律，善舞蹈，工书法，擅长清谈。谢尚的一生中有丰富的戎旅经历，他“出为建武将军、历阳太守，转督江夏、义阳、随三郡军事，江夏相”。他在军事上很有韬略，而且因寻回传国玉玺立下一件大功——传国玉玺的寻回使得东晋有了“正统”之名，也让东晋可揽江北民心。谢尚可谓是功勋卓著，谢氏家族的地位也因此进一步攀升。

朱古民

朱古民文学善谑（xuè）。一日，在汤生斋中，汤曰："汝素多智术，假如今坐室中，能诱我出户外立乎？"朱曰："户外风寒，汝必不肯出。倘汝先立户外，我则以室中受用诱汝，汝必从矣。"汤信之，便出户外立，谓朱曰："汝安能诱我入户哉？"朱拍手笑曰："我已诱汝出户矣！"

——《古今谭概》

梳理故事结构

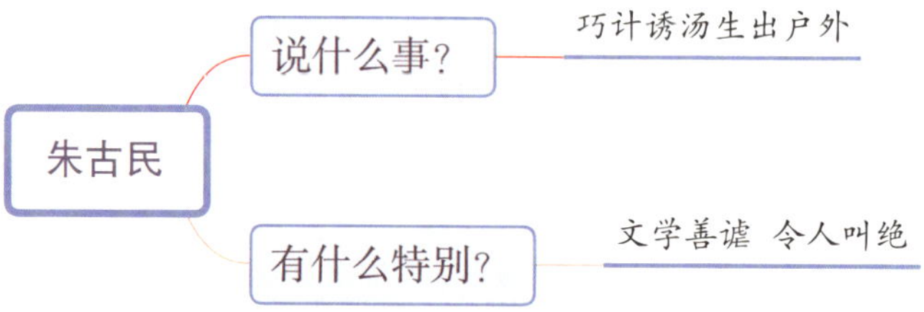

说说文章内容

朱古民先生很幽默，爱开玩笑。这里的"文学"是官制名，掌管教化之事，我们可以理解为教书的先生。一天，朱古民到汤生家做客，两人在汤生的书房里，汤生说："我知道你向来很机智。如若现在我坐在屋里，你能把我骗到门外去站着吗？"朱古民不假思索地说："今天门外有风，又冷，你必定不肯出去。不过假如你先站在门外，我用屋里的温暖舒适来引诱你，你一定会听我的，乖乖进来的。"汤生相信了他的话，就走到屋外去站着，站定，他就对朱古民说：“你怎么引诱我走到屋里去？”“汝安能诱我入户哉？”这语气里，是满满的自信。没想到朱古民拍手笑着说：“我已经把你骗到门外了！”

这朱古民确实有智慧，能不动声色就把汤生骗得团团转。当然，这招数只能使一次。

理解重点词语

文学

文学

古　义：1. 官制名。汉始设，掌管教化之事，晋、唐沿置。

2. 古代文献经典。

3. 指精通文献经典的人。

4. 孔门四科之一。

今　义：以语言塑造形象来反映社会生活，反映现实的艺术。

谑

谑 开玩笑。《说文解字》：谑，戏也。《诗经》：善戏谑兮，不为虐兮。

互文扩展阅读

石学士善谑

石中立，字表臣。在中书时，盛度禁林当直，撰《张文节公神道碑》，进御罢，呈中书。石卒问曰："是谁撰？"盛不觉对曰："度撰。"满堂大笑。

——《古今谭概》

陆宅之善谐谑

陆宅之善谐谑，每语人曰："吾甚爱东坡。"时有问之者，曰："东坡有文，有赋，有诗，有字，有东坡巾。君所爱何居？"陆曰："吾甚爱一味东坡肉！"闻者大笑。

——《古今谭概》

王梦泽善谑

黄冈王梦泽太史善谑。一日往谒郭桐冈太府，见府前有枷犯，乃其家用之锯匠也。顾谓郭曰："既常解锯矣，而于此犹枷颈焉。"郭大笑，遂释之。又客有患癣者，王曰："何不敷盐于患处，以砖烧热，徐擦之，自愈。"久而不效，以问王。王曰："砖盐癣，则绝无可知。此古方也。"又客有患赤鼻者。王教以油梳子炽热擦患处，自愈。及用之，愈赤，又以问王。王曰："吾但知苏子游赤壁耳。"

——《古今谭概》

创意表达运用

本则故事中善谑的朱古民仅仅用一两句话就巧妙地把汤生引诱到门外，真是有智慧啊！如果是你，你会怎样诱汤生出户呢？

第三篇 上智

小古文大发现 古人智慧之丰

刚毅近仁

刚毅者，必不能令色；木讷（nè）者，必不为巧言。此近仁、鲜仁之辨也。

——《容斋随笔》

梳理故事结构

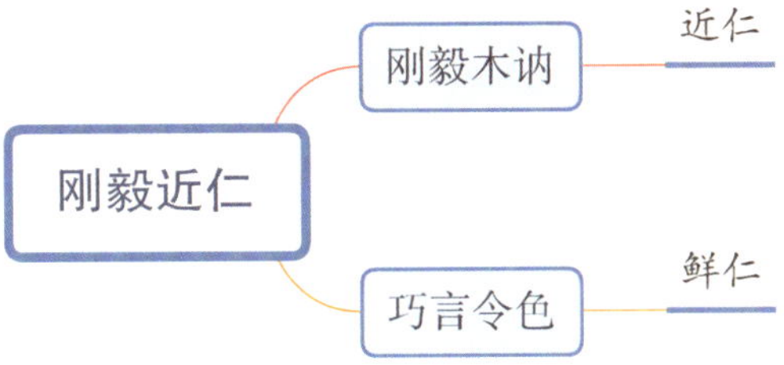

说说文章内容

《容斋随笔》像《世说新语》一样，是古代文言笔记，作者是宋朝的洪迈。《容斋随笔》总共有五集，七十四卷，但其中《五笔》一集未完成洪迈就去世了，因此《五笔》仅剩十卷。《容斋随笔》写作时间近四十年，是博览群书的洪迈一生智慧结晶，也是他经世致用思想的体现。

在这一则随笔中，洪迈谈的是近仁和鲜仁的区别。所谓近仁，就是接近仁义。而鲜仁，则是少有仁义，仁德太少。

我们知道“仁”是我国古代含义极广的道德准则，也是许多君子、志士行事的准则。就连孔夫子都将“仁”作为最高的道德原则和道德标准，他说：“刚、毅、木、讷，近仁。”意思是，一个人只要具有刚强、果敢、质朴、慎言的品质，那他距离“仁”的境界就不远了。

而洪迈进一步阐释了孔子的观点，他认为：刚强果敢的人，必然不会有虚伪、谄媚的脸色；质朴慎言的人，必然不会说花言巧语。这就是接近仁和仁德很少的区别。接近仁的人是正直而表里如一的，他的言语不会与行动相反。而缺少仁的人，则是口蜜腹剑的两面派。我们在现实生活中要学会辨别这两种人。这种辨别需要长期的观察和深入的了解，要善于透过现象看本质，不要被表面的言行所迷惑。

理解重点词语

巧 言 令 色

巧言令色 花言巧语、假装和善来讨好别人。巧言，花言巧语。令色，假装和善、伪善的态度。令，美好。《论语》：巧言令色，鲜矣仁。

刚 毅 近 仁

刚毅近仁 刚强、果敢的品质接近仁。《论语》：子曰："刚、毅、木、讷，近仁。"

互文扩展阅读

《论语》中关于“仁”的文段

（一）

颜渊问仁。子曰：“克己复礼为仁。一日克己复礼，天下归仁焉。为仁由己，而由人乎哉？”颜渊曰：“请问其目。”子曰：“非礼勿视，非礼勿听，非礼勿言，非礼勿动。”

（二）

樊迟问仁。子曰：“爱人。”问知。子曰：“知人。”

（三）

樊迟问仁。子曰：“居处恭，执事敬，与人忠。虽之夷狄，不可弃也。”

（四）

樊迟问知。子曰：“务民之义，敬鬼神而远之，可谓知矣。”问仁。曰：“仁者先难而后获，可谓仁矣。”

（五）

司马牛问仁。子曰：“仁者，其言也讱。”曰：“其言也讱，斯谓之仁已乎？”子曰：“为之难，言之得无讱乎？”

（六）

子张问仁于孔子。孔子曰：“能行五者于天下为仁也。”“请问之。”曰：“恭，宽，信，敏，惠。恭则不侮，宽则得众，信则人任焉，敏则有功，惠则足以使人。”

（七）

仲弓问仁。子曰：“出门如见大宾，使民如承大祭。己所不欲，勿施于人。在邦无怨，在家无怨。”

创意表达运用

我们既在本节内容中了解了《容斋随笔》中对“仁”的探讨，又在“互文扩展阅读”中知晓了孔子对于“仁”的看法。读了这些内容后，想一想，你认为什么是“仁”呢？请谈谈你的看法。

____

____

____

____

体悟人格精神——说说洪迈

今天我们要一起深入了解的是《容斋随笔》的作者洪迈，他是南宋文学家，乐平（今属江西）人，字景卢，号容斋，又号野处。他是洪皓幼子，官至端明殿学士，谥号“文敏”。洪迈学识渊博，著书极多，有诗集《野处类稿》、志怪笔记小说《夷坚志》、笔记《容斋随笔》，还编纂了《万首唐人绝句》等，这些都是流传至今的名作。

你发现了吗？洪迈的《容斋随笔》是以自己的号为书名的，像这样的名人自号蕴于作品名称之中的例子还有很多。

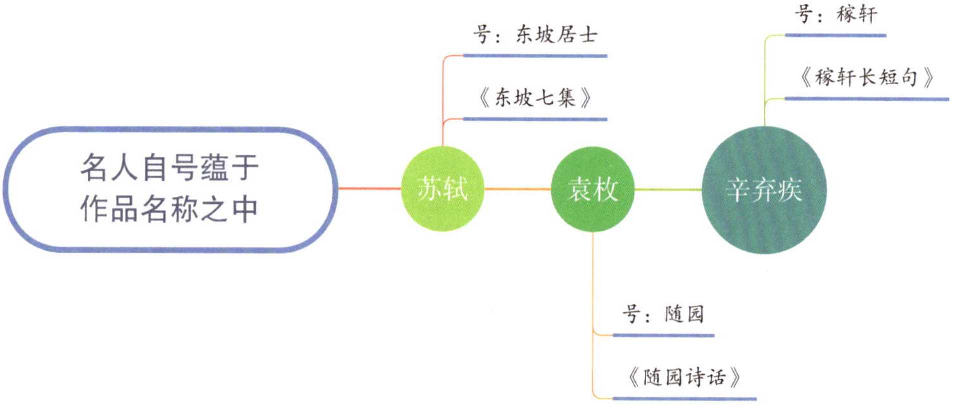

刘尹妙答

般中军问："自然无心于禀（bǐng）受，何以正善人少，恶人多？"诸人莫有言者。刘尹答曰："譬如写（xiè）水著地，正自纵横流漫，略无正方圆者。"一时绝叹，以为名通。

——《世说新语》

梳理故事结构

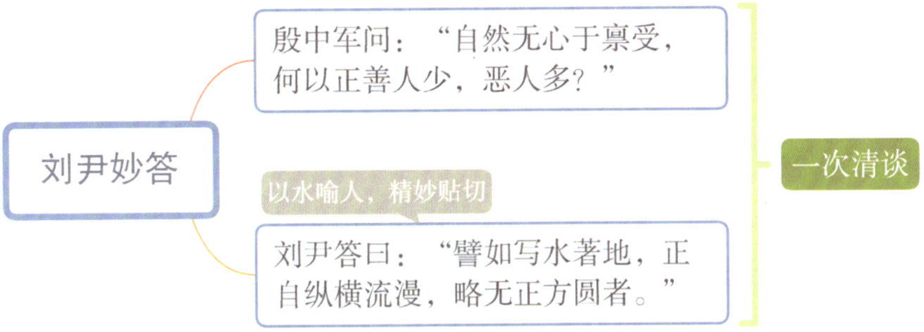

说说文章内容

中军将军殷浩问道："大自然赋予人什么样的品性，本来是无心的，为什么世上恰恰好人少，坏人多？"在座的人没有谁回答得了。只有丹阳尹刘惔（tán）回答说："这好比把水倾泻在地上，水只是四处流淌，绝没有恰好流成规规矩矩的方形或圆形的。"当时大家非常赞赏这番话，认为是名言通论。

这个故事是一个很好的清谈的例子。魏晋时期的人喜欢清谈，其实就是喜欢进行一些辩论，尤其是玄学哲理的议题。类似的活动古希腊的亚里士多德也喜欢，春秋战国时的老子、庄子也喜欢，更不用说魏晋名士了，他们多以清淡为趣，谢安、王羲之喜欢，殷浩、刘惔也喜欢。殷浩是东晋时期的名臣、将领，曾经担任中军将军。刘尹就是刘惔，曾经任职丹阳尹，也就是丹阳郡的地方官，所以后世称他为“刘尹”。文中提到的两位的称呼都是姓加上官职。刘惔在故事中和殷浩探讨人性善恶的时候，用水来打比方，说水自然流淌，是没有规规矩矩的样子的，真可谓精妙贴切。

不过细细想来，水流淌而不成正方正圆，是由水的自然属性决定的，然而人却是一种“社会动物”，从人诞生的那一刻起，所处的社会环境就已开始对其产生影响。很多时候，是种种后天因素比如家庭或社会的环境造就了一个人所谓的“善恶”，而并非其秉性。

理解重点词语

禀受

禀受 人承受于自然的天性，即大自然赋予人的品性。

名通

名通 名言通论，指精妙通达的解释。

互文扩展阅读

殷中军尝至刘尹所，清言良久，殷理小屈，游辞不已，刘亦不复答。殷去后，乃云：“田舍儿强学人作尔馨语！”

——《世说新语》

中军将军殷浩曾到丹阳刘惔那里去清谈，谈了很久，殷浩有点理亏，就不停地用些浮辞来应对，刘惔也不再答辩。殷浩走了以后，刘惔就说："乡下人，硬要学别人发这些议论！"

因为殷浩出身不及刘惔，且长期隐居乡里，刘惔才称其为"田舍儿"，还讥笑殷浩强学贵族人士谈玄说理。

创意表达运用

本则故事讲了殷中军和刘尹之间的清谈，刘尹妙答，妙就妙在其比喻，用水泼洒在地上纵横流淌来比喻人性难有方圆。请你也试着用比喻的方式来回答一下殷中军的话，想一想，还能用什么事物来比喻呢？

殷中军问："自然无心于禀受，何以正善人少，恶人多？"诸人莫有言者。吾答曰："譬如＿＿＿＿＿＿＿＿＿＿＿＿＿＿＿＿＿＿＿＿。"

体悟人格精神——说说刘惔

今天我们要一起深入了解的是刘惔。刘惔，字真长，世称"刘尹"，沛国相（今安徽濉溪）人。他出身世家名族，这样的家世背景奠定了他成为清谈名士的基础。

《晋书》说他"少清远，有标奇"，《世说新语》"赏誉"篇也提到"刘尹茗柯有实理"，可见世人都认为他颇有才智。除了有过人的才华之外，他也有着清高的品格，"性简贵"便是对他高自标持的评价。刘惔不妄与人交往，因此"为名流所敬重"。王献之曾观俗人游戏并在旁议论，却反遭人奚落，于是拂袖说道："远惭荀奉倩，近愧刘真长。"这是在说自己只佩服荀奉倩、刘真长这样的清贵人物。可见刘惔的高傲已得到公认。

苏秦之策

当此之时，天下之大，万民之众，王侯之威，谋臣之权，皆欲决苏秦之策。不费斗粮，未烦一兵，未战一士，未绝一弦，未折一矢，诸侯相亲，贤于兄弟。夫贤人在而天下服，一人用而天下从，故曰：式于政，不式于勇；式于廊庙之内，不式于四境之外。

——《战国策》

梳理故事结构

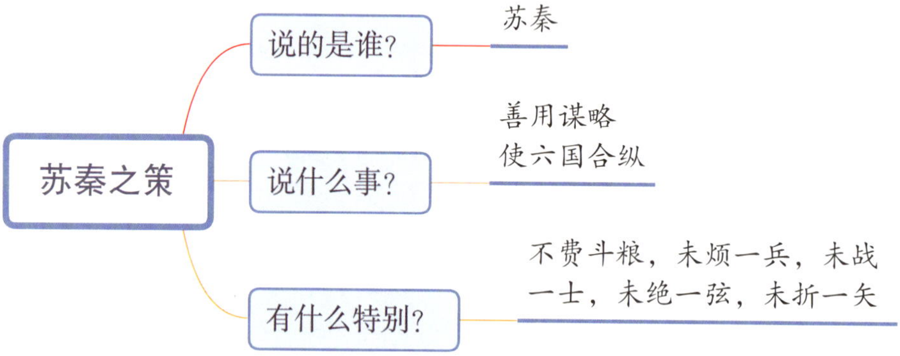

说说文章内容

在这个时候，广阔的天下，众多的百姓，威严的王侯，掌权的大臣，都取决于苏秦的策略。苏秦没有花费一斗粮食，没有动用一件兵器，没有动员一个士兵，没有折断一根弓弦，没有弯折一支箭矢，就让六国诸侯相亲相爱，比兄弟还亲近。是啊，贤人的存在能让天下顺服，重用一人能让天下归顺，所以说：能用政治解决的问题，不要用武力；能在朝廷之内解决的问题，不要到国土之外解决。

这个故事说的是苏秦出使赵国后，提出合纵六国以抗秦的战略思想，并最终组建合纵联盟，兼佩六国相印，使秦国十五年不敢出函谷关。苏秦的谋略使得六国同气连枝，换来了很长一段时间天下太平的局面，真可谓是大智慧呀！

理解重点词语

式

式

1.（作名词）法式，标准，模范。《说文解字》：式，法也。

2.（作动词）效法。《诗经》：仪式刑文王之典，日靖四方。

你觉得这则节选的文段里的“式”是什么意思呢？能说说你的猜测吗？

廊庙

廊庙　廊，指殿下屋。庙，指太庙。合起来借指朝廷。

人们常用“廊庙器”形容才气能担当朝廷重任的人。

互文扩展阅读

我们看了选段中苏秦合纵使“诸侯相亲，贤于兄弟”的描述，那么这里苏秦的“合纵”具体指什么呢？

游说燕国

首先，苏秦从地理位置上分析了燕与赵相依之势。接着，他批评燕国的战略错误：只担忧千里之外的秦国进犯，却不担心百里之内的赵国进犯。最后，苏秦建议燕文侯定赵国为择交的对象，而赵国正是他选择的合纵中心国。

游说赵国

苏秦先详细分析了赵国和其他诸侯国的关系，指出赵与韩、魏的战略相依关系。然后，他说明了自己的合纵主张：六国联合起来，共同对抗强秦。争夺土地是战国时期战争频发的主要原因，因此最后苏秦又用土地诱惑赵王，使得赵王欣然答应合纵。

游说韩国

苏秦先是叙述了一番韩国的优势：地方九百余里，带甲数十万，且善于冶炼兵器。接着，他转而陈述臣服秦国的弊端，即侍奉秦国，秦国必然要求割让宜阳、成皋，一旦同意，秦国就会变本加厉。韩国的土地有限，秦国的欲望无限，这样离韩国灭亡之日就不远了。最后苏秦又引谚“宁为鸡口，无为牛后”，说：“大王如此英明，军队又如此强悍，却甘居秦国之后，我真替大王感到羞耻！”还用了激将法来刺激韩王。

游说魏国

苏秦面见魏王时先分析魏国的情况：地方虽小，但田舍密集，人口众多，车马奔驰，国势与楚国不相上下。接着，他以越王勾践和武王伐纣以少胜多为例，提醒魏王：魏国兵强马壮，不用惧怕秦国，如果割地侍秦，未及作战，国家已经先亏损了，可见主张侍奉秦国的都是奸佞之臣。最后援引《周书》，劝诫魏王“前虑不定，后有大患”。

游说齐国

苏秦先分析齐国四面天险，兵精粮足。然后，他指出齐国险要、易守难攻，且秦国若犯秦，孤军远征，顾虑重重，明显不能对齐国构成威胁。他又再进一步对比齐国与韩、魏遭受的来自秦的威胁不同，力劝齐王不再侍秦。

游说楚国

苏秦先说楚国地方五千余里，军队有百万之众，战车千辆，战马万匹，存粮足够支用十年，这些都是称霸的资本。接着，他分析天下形势，指出秦国最大的忧患就是楚国，楚强则秦弱，秦强则楚弱，秦楚不能并存，因此倘若合纵成功，楚国就有机会称王。苏秦最后提醒楚王：秦是虎狼之国，有吞并天下的野心。

创意表达运用

你发现了吗？苏秦在游说六国的时候都用了巧妙的说服技巧，他先是分析各国的现实情况，接着说明各国诸侯现在做法的错误之处，最后提出自己的主张。我们如果想要说服别人接受自己的观点，也可以这样逐步推进，有理有据地说服别人。

我想要说服__________接受我________________的观点，可以先____________，接着________________，最后_______________。

体悟人格精神——说说苏秦

今天故事的主人公苏秦，字季子，东周洛阳（今河南洛阳东）乘轩里人，战国时期纵横家、外交家、谋略家。

纵观苏秦的主要事迹：求学于鬼谷子，游说秦王未果，为赵国国相奉阳君所不喜，得志于燕国，在赵国支持下游说六国合纵抗秦……其中苏秦主导的“合纵”——联合弱国对抗强国，对秦国起到了一定的牵制作用，使秦国十五年不敢出函谷关。他的这些事迹也确立了他纵横家代表人物的重要地位。

《汉书》中纵横家有《苏子》三十一篇，现已散失。马王堆汉墓出土的帛书《战国纵横家书》保存有他的游说辞及书信十六章，与《史记》所载不同。

望梅止渴

魏武行役，失汲（jí）道，军皆渴，乃令曰："前有大梅林，饶子，甘酸可以解渴。"士卒闻之，口皆出水，乘此得及前源。

——《世说新语》

梳理故事结构

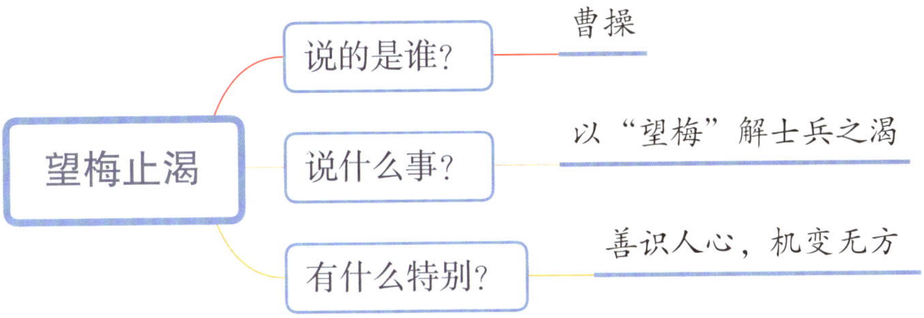

说说文章内容

想必看到这个题目，大家就会觉得很熟悉，因为"望梅止渴"是个常用的成语，也是个著名的典故。

魏武指的是曹操。曹操，字孟德，是杰出的政治家、军事家、诗人。他曾任东汉的丞相，后来又加封"魏王"，奠定了曹魏立国的基础。三国鼎立指的就是魏、蜀、吴三国对峙。三国时期魏国的综合实力较强大。曹操去世后谥号为"武王"。谥号是古人死后依其生前行迹而给的称号。后来他的儿子曹丕称帝，追尊曹操为"武帝"。所以曹操也被称为魏武帝。

"望梅止渴"讲的是三国时期，在一次曹操率军打仗途中，烈日当空，天气十分炎热。曹操派人四处找水，却始终见不到一滴水，士兵们全都非常口渴。为了不耽误行军，曹操灵机一动，站在高处，指着前面一个小山包说："前面就有一大片梅子林，结了许多梅子，又甜又酸，可以用来解渴。"士兵们听后，嘴里都流出口水，一时也就不渴了，个个来了精神，加快行进速度，最后到达了有水源的地方。"望梅止渴"的故事就此流传开来，后世典籍也多次记载了这个故事，还有古籍提到了"曹操行军望梅止渴处"。至于故事中的这片梅林，有说法是在安徽省含山县东南的梅山，但究竟是不是这个地方，就留待专家考证了。

虽然故事里的士兵们"得及前源"，最终解决了口渴的问题。但说到底，望梅止渴和平常我们说的画饼充饥意思差不多，都比喻用空想来安慰自己。这个故事也从一个侧面让我们看到曹操善识人心、机变无方的一面。

理解重点词语

望 梅 止 渴

望梅止渴

原　义：口渴时想着梅子又酸又甜，流口水，不再觉得渴。

比喻义：以空想安慰自己。

类似意思的成语还有一些，你知道它们的意思吗？

指 雁 为 羹

画 饼 充 饥

互文扩展阅读

画饼充饥

三国时期，魏国有一个名叫卢毓的人，他是前朝东汉名臣卢植的第四个儿子。卢毓为人忠厚，学识渊博。他在魏武帝曹操时就已任官职，一直到魏明帝曹叡称帝。他曾为魏明帝曹叡提出过很多建议，魏明帝最初不太高兴，但是后来见他忠心耿耿、踏踏实实，就提拔他为吏部尚书。接着，魏明帝要卢毓推荐一个人接替他原来的职务。卢毓推荐了郑冲。魏明帝说："郑冲这个人你不推荐我也知道，你重新推举一个我不知道的人吧。"于是卢毓推举了阮武和孙邕（yōng）二人。后来，魏文帝任用了孙邕。

有一次，魏明帝对卢毓说："国家能不能得到有才能的人，关键就在你了。选拔人才，不要只看那些有名声的，名气如同在地上画的饼一样，是不能吃的。"卢毓回答说："靠名声虽不足以找到真正有才能的人，但却可以发现一般的人才。我以为好的办法是对他们进行考核，看他们是否真的有才能。现在考核官员政绩的制度，全依照名誉升职或降职，所以真伪难辨，虚实混淆。"魏明帝采纳了卢毓的意见，下令制定考课法，既根据名声录用人才又明察他们的实绩，受到了人们的称赞。

选举莫取有名，名如画地作饼，不可啖也。——《三国志》

体悟人格精神——说说曹操

曹操是大家耳熟能详的历史人物。你知道吗？曹操小字阿瞒，他是沛国谯（qiáo）县〔今安徽亳（bó）州〕人，曹魏政权的缔造者。

曹操出生在宦官世家，因镇压黄巾军等崭露头角，后号召天下英雄讨伐董卓，逐渐走上了逐鹿中原的枭雄之路。他是一个极富军事才华的人，精于兵法，著有《孙子略解》《兵书接要》等书。除了军事和政治上的成就，曹操还是一个不凡的诗人，他在文学、书法、音乐上都有不俗的品位，他善诗歌，写的很多诗歌气魄雄伟、慷慨悲凉，他也善散文，文章清峻整洁。

除了上面提到的内容外，在历史上还有许多关于曹操的记载，为我们塑造了一个鲜活饱满的形象，让我们一起来看看“多面”的曹操吧！

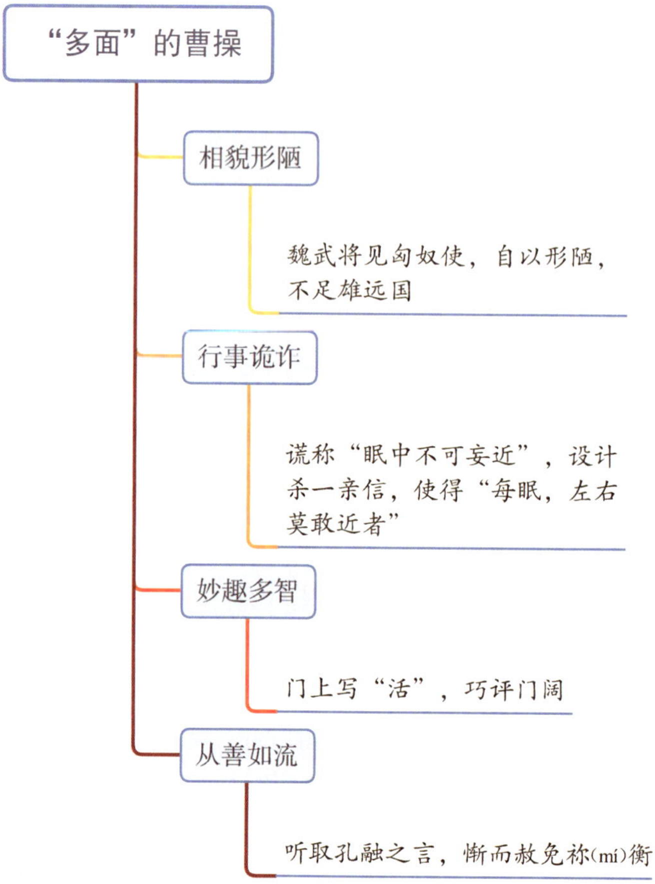

第四篇

言智

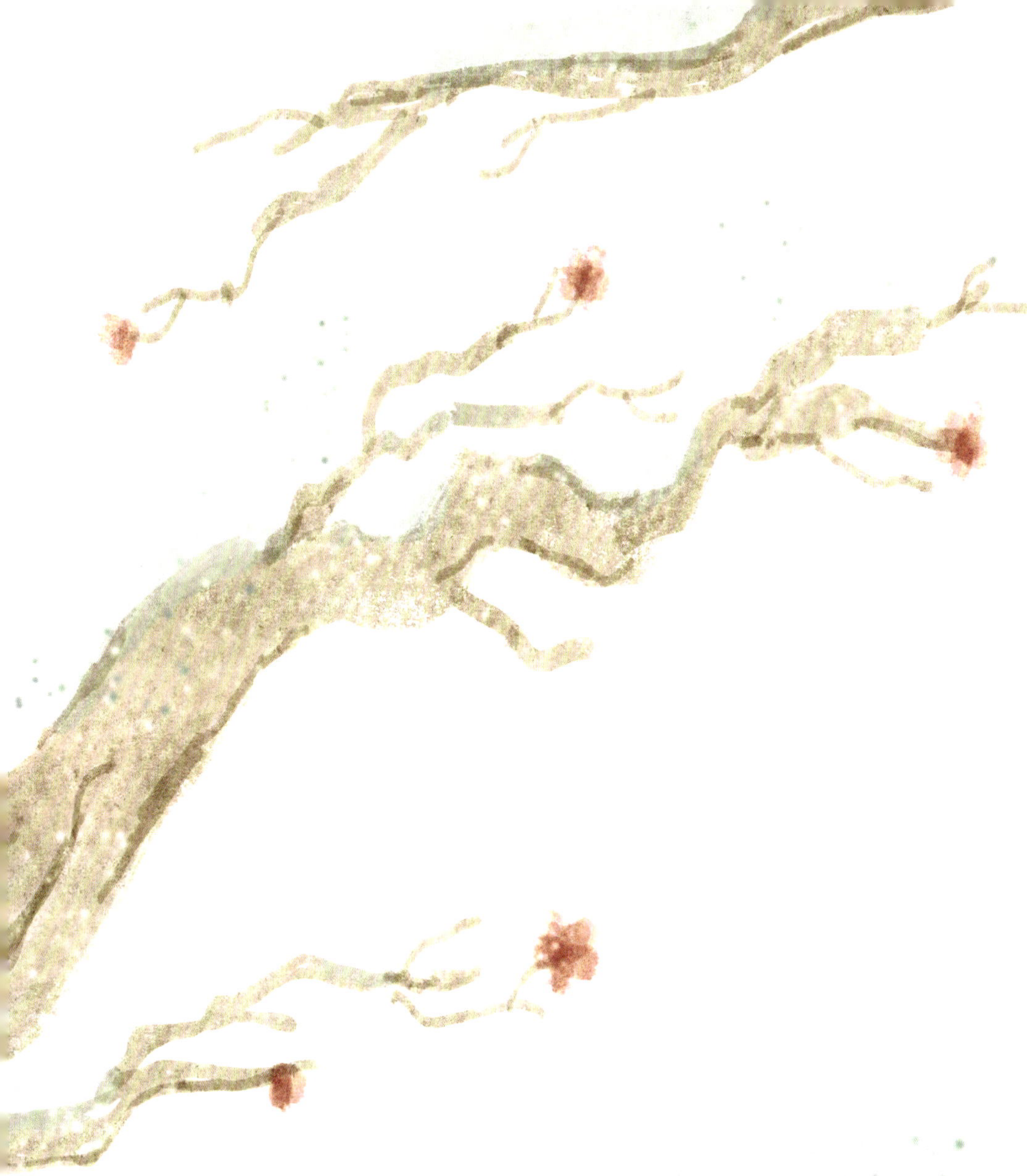

小古文大发现　古人智慧之丰

赤壁怀古

向巨原云："元不伐家有鲁直所书东坡《念奴娇》，与今人歌不同者数处，如'浪淘尽'为'浪声沉'，'周郎赤壁'为'孙吴赤壁'，'乱石穿空'为'崩云'，'惊涛拍岸'为'掠岸'，'多情应笑我早生华发'为'多情应是笑我生华发'，'人生如梦'为'如寄'。"不知此本今何在也？

——《容斋续笔》

梳理故事结构

赤壁怀古

- 今人所歌：大江东去，浪淘尽，千古风流人物。故垒西边，人道是，三国周郎赤壁。乱石穿空，惊涛拍岸，卷起千堆雪。江山如画，一时多少豪杰。遥想公瑾当年，小乔初嫁了，雄姿英发。羽扇纶巾，谈笑间，樯橹灰飞烟灭。故国神游，多情应笑我，早生华发。人生如梦，一尊还酹江月。
- 黄庭坚手书：大江东去，浪声沉，千古风流人物。故垒西边，人道是，三国孙吴赤壁。乱石崩云，惊涛掠岸，卷起千堆雪。江山如画，一时多少豪杰。遥想公瑾当年，小乔初嫁了，雄姿英发。羽扇纶巾，谈笑间，樯橹灰飞烟灭。故国神游，多情应是，笑我生华发。人生如寄，一尊还酹江月。

说说文章内容

向巨原说："元不伐的家中藏有黄庭坚亲笔书写的苏东坡的《念奴娇》，与现在人们传诵的有多处不同的地方，比如'浪淘尽'是'浪声沉'，'周郎赤壁'是'孙吴赤壁'，'乱石穿空'是'乱石崩云'，'惊涛拍岸'为'惊涛掠岸'，'多情应笑我早生华发'为'多情应是笑我生华发'，'人生如梦'为'人生如寄'。"不知这篇黄庭坚手书的《念奴娇》现今在何处？

向巨原对《念奴娇·赤壁怀古》的追问，倒并不是对苏轼在创作中的字句修改与锤炼的讨论，而仅仅是讲述他曾看到过苏轼的好朋友鲁直，也就是黄庭坚曾经写过这篇苏东坡的《念奴娇》，里边很多文字和现在流传的不一样。他也并没有对黄庭坚书写的《念奴娇》和当时流传的版本进行评价，且最后一句也表明向巨原是希望能找到黄庭坚手书的《念奴娇》的。黄庭坚是苏东坡的好友，从研究的角度看，黄庭坚手书的《念奴娇》对于研究这一名作在流传过程中文句的发展演变是有很大的参考价值的，这个过程能让人们更了解苏轼写文的本意和他原汁原味的思想。从这个故事可见向巨原治学尊重实证，重视考据，这未尝不是一种探求诗词义理上的智慧。

理解重点词语

人生如梦

人生如梦 人生如同一场梦。形容世事无定，人生短促。

人生如寄

人生如寄 指人生短促，人的一生如同暂居世间。寄，寄居。

这两个词都是形容人生短促的，但是在用字上有所不同，可见一个字对一个词的影响之大。

请你来试着改一改这个词！

人生如 ______：人生如同 ____________________。

人生如 ______：人生如同 ____________________。

人生如 ______：人生如同 ____________________。

创意表达运用

我们已经看过好几则妙改诗句的小故事，之前也让大家试过改一改诗句中的某个字，现在我们转换一下思路，不说“改”，说“集”。

古诗中有一种说法叫“集句”，就是把他人的现成的诗句聚合重组，用以表达新的主题，形成拼盘式的诗作。

比如著名剧作者吴祖光就有一首集句诗，写于周总理逝世之后：

白云犹似汉时秋（岑参），欲采蘋花不自由（柳宗元）。

举世尽从愁里老（杜荀鹤），谁人肯向死前休（韩愈）。

这首诗集前人旧句，表达自己惊闻噩耗后深切的悲痛与哀悼之情，真是信手拈来，浑然天成！请你也试着用集句的方法写一首小诗吧！

____

____

炼字成诗

从古至今，楚辞、汉赋、唐诗、宋词、元曲、明清小说等文体百花齐放，中华文脉源远流长。而许多千古绝唱的背后，往往都经历了呕心沥血的创作。我们所熟悉的关于诗词炼字最出名的故事就是唐代诗人贾岛琢磨“推敲”时撞见韩愈的故事，如果没有读过这个故事，建议大家上网查询了解。今天我们要学习的是另外两则关于古诗词名句斟酌用字的故事。

（一）春风又绿江南岸

王荆公绝句云：“京口瓜洲一水间，钟山只隔数重山。春风又绿江南岸，明月何时照我还？”吴中士人家藏其草，初云“又到江南岸”，圈去“到”字，注曰“不好”，改为“过”，复圈去而改为“入”，旋改为“满”，凡如是十许字，始定为“绿”。

——《容斋续笔》

（二）高蝉正用一枝鸣

黄鲁直诗：“归燕略无三月事，高蝉正用一枝鸣。”“用”字初曰“抱”，又改曰“占”、曰“在”、曰“带”、曰“要”，至“用”字始定。予闻于钱伸仲大夫如此。今豫章所刻本，乃作“残蝉犹占一枝鸣”。

——《容斋续笔》

梳理故事结构

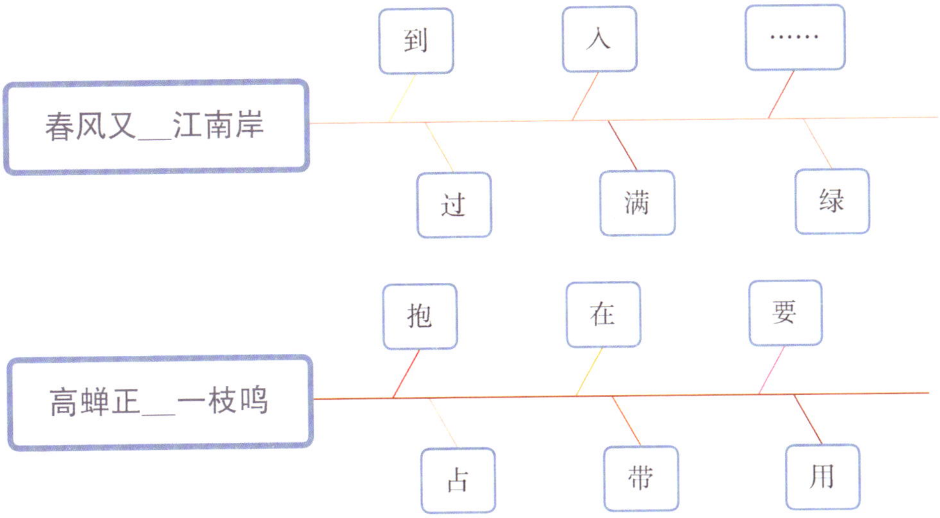

说说文章内容

（一）

王荆公，即王安石，因为曾经被宋神宗封为荆国公，所以世称“王荆公”。

王安石的绝句《泊船瓜洲》我们非常熟悉，诗的大意是：京口与瓜州被一水间隔，眺望钟山好似只隔着几道山岭。春风吹拂，给江南沿岸染上了新绿，明月什么时候才能照着我返回故乡？苏州的一位读书人家中收藏着这首诗的底稿，从上面可以看到，起初王安石写的是“又到江南岸”，然后他画圈删掉了“到”字，在诗文旁批注“不好”，又改写为“过”，又画圈删掉而改作“入”，随即又改作“满”。总共像这样改来改去，前后选用了十多个字，最终才确定为“绿”字。

王安石在这一句上的斟酌，初用“到”“过”“入”三字，是着眼于时令季节的变化，想要体现江南春回大地的意境；然后用“满”字，更深了一层，着眼于春深似海，体现春意正浓；最后确定用“绿”字，则是着眼于春给这世界带来的伟大生命力——春风作为春天的使者，把江南的草木都吹绿了。一个“绿”字，把春到江南的生机勃勃的景象巧妙而又形象地描绘了出来。

（二）

黄鲁直就是黄庭坚，鲁直是他的字，他有一首诗中有一句：“归燕略无三月事，高蝉正用一枝鸣。”这句诗说的是：秋天即将飞回南方的燕子，大体上已没有三月间衔泥筑巢之事了，高高地栖止在树上的蝉，正挨着一根枝条鸣叫。句中的“用”字起初为“抱”，又依次改为“占”“在”“带”“要”，直到改为“用”字才最终定下。我（指作者洪迈）从钱伸仲大夫那里听说，黄庭坚写这句诗的经过就是这样。现今豫章地区（大约是现在的江西南昌）的遗存刻本，却为“残蝉犹占一枝鸣”。

上面王安石和黄庭坚的故事体现的都是诗文大家对自己作品用字的严谨态度。清代学者唐彪曾说：“文章不能一做便佳，须频改之方入妙耳。此意学人必不可不知也。”所以，诗词文章，只有反复推敲，再三修改，才可谓精益求精。古诗中有“两句三年得，一吟双泪流”的慨叹，也有“吟安一个字，撚（niǎn）断数茎须”的倾诉，讲的都是诗词炼字的艰辛。也正因如此，我们现在才能读到那么多传世的名篇佳作。

理解重点词语

泊船瓜洲

王安石

京口瓜洲一水间，钟山只隔数重山。

春风又绿江南岸，明月何时照我还？

绿

请你再好好品味一下这里“绿”字的使用，想一想还有哪些类似的绝妙用字？

品读更多诗文

在这一节中，我们学习了两则诗人改动自己诗句中的字，让诗句意境全出的故事，其实有时候诗人之间也会改动诗句来进行唱和。你看，苏轼、苏辙兄弟就经常进行诗文唱和，在信里互相压着韵脚作诗。有时你出，有时我出，以砺诗艺。

怀渑池寄子瞻兄

苏辙

相携话别郑原上，共道长途怕雪泥。
归骑还寻大梁陌，行人已度古崤西。
曾为县吏民知否？旧宿僧房壁共题。
遥想独游佳味少，无言骓马但鸣嘶。

和子由渑池怀旧

苏轼

人生到处知何似？应似飞鸿踏雪泥。
泥上偶然留指爪，鸿飞那复计东西。
老僧已死成新塔，坏壁无由见旧题。
往日崎岖还记否，路长人困蹇驴嘶。

创意表达运用

苏轼的《蝶恋花·京口得乡书》中有这样两句："北固山前三面水，碧琼梳____青螺髻。"这里把江水比作碧琼梳，北固山比作青螺髻，请你试着在"碧琼梳____青螺髻"中画线位置添一个字，让诗句表达更准确，意境更动人，并说说你填这个字的理由。

北固山前三面水，碧琼梳____青螺髻。

妙改诗句

下面我们要学习的两则小古文讲述的也是诗词中改动一两个字，却引发别样情趣的故事。它们不像贾岛“推敲”的故事那样严肃，也不似王安石“春风又绿江南岸”的纠结，而只是些可付之一笑的趣闻，描述了文豪们是如何“玩弄”文字的。当然，这些文豪们“玩”的，自然要比一般人文雅、风趣。

（一）点金成铁

梁王籍诗云：“蝉噪林愈[①]静，鸟鸣山更幽。”王荆公改用其句曰：“一鸟不鸣山更幽。”山谷笑曰：“此‘点金成铁’手也。”

——《古今谭概》

①此处保留《古今谭概》原文用字，王籍诗原用“逾”字。

（二）改苏诗

苏诗：“无事此静坐，一日似两日。若活七十年，便是百四十。”近有任达者更之曰：“无事此游戏，一日似三日。若活七十年，便是二百一。”

子犹尝反其诗云：“多事此劳扰，一日如一刻。便活九十九，凑不上一日。”

——《古今谭概》

梳理故事结构

- 妙改诗句
  - 点金成铁
    - 鸟鸣山更幽（王籍）
    - 一鸟不鸣山更幽（王安石）
  - 改苏诗
    - 无事此静坐，一日似两日。若活七十年，便是百四十。（苏轼）——豁达乐观，虽遇坎坷，心境仍平和安然
    - 无事此游戏，一日似三日。若活七十年，便是二百一。（任达者）——模仿苏诗而作，尽显豁达乐观
    - 多事此劳扰，一日如一刻。便活九十九，凑不上一日。（冯梦龙）——持相反观点，言诸事烦忧

说说文章内容

（一）

南朝的诗人王籍写过这样的诗句：“蝉噪林逾（冯梦龙引其诗时作“愈”）静，鸟鸣山更幽。”意思是：蝉叫阵阵，林间愈见寂静；鸟鸣声声，山中更觉幽深。王安石在另一首诗中改用了其中的一句，写为“一鸟不鸣山更幽。”和苏轼齐名的黄庭坚，也就是故事中的山谷知道了以后，笑着说：“这真是‘点金成铁’手啊！”

黄庭坚这句话的意思是说，你王安石这么大的名气，却弄巧成拙，居然写出“一鸟不鸣山更幽”这样的话，把金子生生变成烂铁了。

为什么这么说呢？因为蝉叫和鸟鸣平常听起来好像会破坏宁静的氛围，但在这两句诗中，恰恰起到的是反衬的作用，可以显得山林更加幽静。可以想象，当林子里寂静无声，午后的阳光透过树梢，投下一束束斑驳的影子，只有蝉叫阵阵。幽深的山谷里，偶然传来一两声鸟儿清丽婉转的鸣叫，更显得山谷空旷幽静。这真可以说是神来之笔。

但是，如果换用王安石的“一鸟不鸣山更幽”，让山林真的沉寂无声，那只会显得死气沉沉。原来的句子既写山林之幽静，又不失大自然生动活泼的情趣，因而成为传诵千古的名句。清代顾嗣立更评论说“‘一鸟不鸣山更幽’直是死句矣”，就是说这样改把诗写死了，缺少生气。

可能王安石写诗的时候化用这个句子是有自己的想法，但从诗词鉴赏上讲，“鸟鸣山更幽”比“一鸟不鸣山更幽”自然是要美得多。

（二）

大诗人苏轼对生命长短有一番独到的见解。他的这首诗说的是：没事在这里静静地坐着，这一天的收获仿佛别人的两天。如果我能活到七十岁，那就是过了一百四十岁的日子了。有一个很豁达开朗的人，从这诗获得启发，更改成：没事在这里嬉戏玩耍，一天可以当作三天。如果我能活到七十岁，那就是过了二百一十岁的日子了。冯梦龙记这个故事到这，自己也改了一下这首诗，他提出了相反的看法：有许多事烦劳打扰，过一天如同只过了一刻。即使活到九十九岁，真正过的日子也凑不齐一天。故事里的“子犹”是冯梦龙的字，这里是自称。

从上可知，三个人有三种不同的人生态度。苏轼一生仕途坎坷，因为不满王安石的变法，还差点掉了脑袋，后来又多次被贬。但他可怜、落魄吗？并不！他用通达乐观的心态审视着自己的人生际遇。从文中的“静”字可以看出，苏轼有着平和安然的心境，“闲看庭前花开花落，漫随天外云卷云舒”。苏轼静坐着，从容不迫地应对失意的生活。任达者模仿苏轼的口吻写出了自己的观点，他认为活得愉快才是生活的真谛。而冯梦龙的观点相比苏轼的“静”，任达者的疏放旷达，显得有点“小气”，但也正是这样的“小气”，才透出“我生待明日，万事成蹉跎”的紧张，有种警示的意味。

互文扩展阅读

《警世通言》记载，苏轼拜谒王安石，在其府上看到这两句诗："西风昨夜过园林，吹落黄花满地金。"苏轼想当然以为菊花在深秋盛开且耐久，怎会风吹花落"满地金"？于是添了两句："秋花不比春花落，说与诗人仔细吟。"

后来，一日秋风过后，苏轼看到自家后园菊花花瓣散落一地，想起自己当初"不懂装懂"给王安石续诗，不禁心生懊悔。

看来，即使是像苏轼这样学识渊博的大才子也有不懂之处。这个故事告诉我们：懂就是懂，不懂就是不懂；懂了的就努力创造条件去做，不懂的就要抓紧学习研究弄懂，来不得半点含糊。我们还是要和韩定辞、马彧（yù）一样"谦光而下问"，这才是学人本分。

创意表达运用

"改苏诗"的故事通过三个人的诗句，体现了他们不同的人生观。相信你对人生、时间也有自己的看法，请你试着写一写，你认为应该怎样对待人生中的每一天呢？请写出自己的独特看法。

____

____

____

____

体悟人物品格——说说黄庭坚

今天我们要一起认识的黄庭坚，字鲁直，号山谷道人、涪翁，也就是我们故事中的“黄山谷”。他是北宋著名的诗人、书法家。今天这两则故事都和他有点儿关系：第一则故事里黄庭坚对王安石改诗的评价是“点金成铁”，把这个词的语序略作调整就是他论诗时提倡的观点之一——“点铁成金”，这说的是他主张写诗时吸纳古人的陈言旧语，因此他也主张“无一字无来处”。第二则故事展现了苏轼对生命长短的独到见解，黄庭坚就出自苏轼的门下，他不仅钦佩老师的犀利文笔和酣畅才情，自己也在文学上有着不俗的成就，因此他不仅是“苏门四学士”之一，而且作为学生还能与老师苏轼齐名，并称“苏黄”，真是了不得呀！

书犬马事

欧阳公在翰林时，尝与同院出游。有奔马毙犬，公曰：“试书其一事。”一曰：“有犬卧于通衢（qú），逸马蹄而杀之。”一曰：“有马逸于街衢，卧犬遭之而毙。”公曰：“使子修史，万卷未已也。”曰：“内翰云何？”公曰：“逸马杀犬于道。”相与一笑。

——《古今谭概》

梳理故事结构

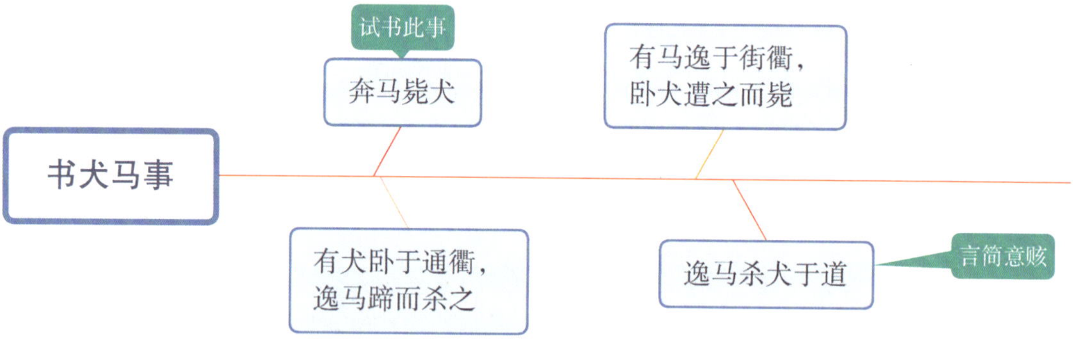

说说文章内容

欧阳修在翰林院任职的时候，曾经和同在翰林院任职的院士外出游玩。翰林院中院士云集，都是学问好声望高的读书人。大家正好看到一匹奔跑过的马踩死了一条狗。欧阳修就说：“不如大家试着记叙一下这件事。”一位翰林说：“有狗卧在大道上，被跑过的马的蹄子给踩死了。”另一个说：

“有一匹马跑过大道，一条卧着的狗被它踩死。”两位说得都很准确，也很简洁。但是欧阳修不满意，他说：“如果让你们来编撰史书，恐怕一万卷也写不完啊。”言下之意是他们这样概括太过啰唆。于是几位翰林就问欧阳修：“那你说如何写这件事？”欧阳修只说了六个字：“逸马杀犬于道。”意思是奔马在大道上踩死了狗。翰林们听了，相视一笑，内心是不得不服啊。

欧阳修仅用六个字便说清楚了这件事，言简意赅。这个小故事生动展现了中文的博大精深，也启示了我们写作时语言简练的妙处，更突显了文言文语言精简的特点。

理解重点词语

通衢

通衢 四通八达的大道。《东征赋》：遵通衢之大道兮，求捷径欲从谁。

互文扩展阅读

欧阳公主张古文通达平易

又嘉祐中，士人刘幾，累为国学第一人。骤为怪险之语，学者翕然效之，遂成风俗。欧阳公深恶之，会公主文，决意痛惩，凡为新文者一切弃黜。时体为之一变，欧阳之功也，有一举人论曰：“天地轧，万物茁，圣人发。”公曰：“此必刘幾也。”戏续之曰：“秀才剌，试官刷。”乃以大朱笔横抹之，自首至尾，谓之“红勒帛”，判大纰缪字榜之。既而果幾也。

——沈括《梦溪笔谈》

创意表达运用

你看，这个故事中欧阳修巧妙地用六个字就说清楚了一件事的经过，真可谓言简意赅，这也正是文言文的魅力所在！其实在我们的写作中也可以参考这样的表达方式，去除多余的，保留必要的，精心遣词。请你尝试用简单的文言语句写一件最近发生在你身上的事吧！

体悟人格精神——说说欧阳修

欧阳修，字永叔，号醉翁、六一居士，吉州吉水（今属江西）人，北宋政治家、文学家、史学家，官至翰林学士、枢密副使、参知政事。他是名载宋代文学史的文坛领袖，曾和宋祁合修《新唐书》，并独撰《新五代史》，有《欧阳文忠公文集》。

在文学上，他主张儒家之道是与现实生活密切相关的，并强调文道并重，他把文学的艺术形式看作与思想内容同样重要的主张，大大地提高了文学的地位。而且他不满宋初以来靡丽、险怪的文风，主张文章应该“明道”“致用”。他的散文说理畅达，抒情委婉，名列“唐宋八大家”之一。这里有一个与他的代表作《醉翁亭记》有关的小故事：据说，欧阳修在《醉翁亭记》的开头原本花了好多笔墨描绘滁州四周的山，最后这些描写被改成“环滁皆山也”五个字，简练中见隽永。除了自身有较高的文学成就，他还积极培养后进，是北宋古文运动的领袖。

在诗词上，他扩大了词的抒情功能，沿着李煜词所开辟的方向，进一步用词抒发自我的人生感受，并改变了词的审美趣味，朝着通俗化的方向开拓，他的词婉丽，与晏殊并称“晏欧”。